之教育故事

LEYUE HUAKAI
ZHI JIAOYU GUSHI

主　编　杨尚薇
副主编　张朝静　黄晓维
编　委　罗婷婷　李金枝　唐月悦
　　　　周　林　戴紫诚　殷　石

四川大学出版社

项目策划：梁　胜　陈　纯
责任编辑：梁　胜
责任校对：陈　纯
封面设计：墨创文化
责任印制：王　炜

图书在版编目（CIP）数据

“乐悦花开”之教育故事 / 杨尚薇主编. -- 成都 : 四川大学出版社, 2019.12
ISBN 978-7-5690-3301-4

Ⅰ. ①乐… Ⅱ. ①杨… Ⅲ. ①小学教育—教育研究 Ⅳ. ①G622.0

中国版本图书馆 CIP 数据核字（2019）第 280482 号

书名　“乐悦花开”之教育故事

主　　编	杨尚薇
出　　版	四川大学出版社
地　　址	成都市一环路南一段 24 号（610065）
发　　行	四川大学出版社
书　　号	ISBN 978-7-5690-3301-4
印前制作	四川胜翔数码印务设计有限公司
印　　刷	郫县犀浦印刷厂
成品尺寸	170mm×240mm
印　　张	13.25
字　　数	244 千字
版　　次	2019 年 12 月第 1 版
印　　次	2019 年 12 月第 1 次印刷
定　　价	39.00 元

◆ 读者邮购本书，请与本社发行科联系。
电话：(028)85408408/(028)85401670/
(028)86408023　邮政编码：610065
◆ 本社图书如有印装质量问题，请寄回出版社调换。
◆ 网址：http://press.scu.edu.cn

四川大学出版社
微信公众号

愉快教育的逻辑（代序）

成都市武侯区龙江路小学（后文简称龙小）提出且实行“乐园中育人”已经四十余年。现在，摆在我们面前的这本故事集让人十分欣慰。其中，不少故事写明了宗旨，说清了方法论和方法学实践，用关系人的体验和口吻高度肯定了师生的切实收获。“乐园中育人”在20世纪90年代，被国家教委纳入“愉快教育”项目，形成“7+1”的研究集体。这个集体韧性充裕，坚持到现在。其间，成都市武侯区教育局肯定这项实验，组织十一所学校构成“乐学教育”项目组。得益于包括这种理念在内的多种因素，十一所学校均成为该区的优质学校。

愉快教育不是没有争议的，到现在，项目课也没有动一下申请国家奖项的念头，“为学生的健康成长做事而已”。当然，这一争论也有前提理由。我们这个民族之所以长盛不衰，与意志力关系密切。俗语所谓，书山与勤有关，学海和苦相连；宝剑要磨，梅花需苦。中国人，无论远近穷富，大约都知晓这个意思。但是，就此非议学习的基调应该是快乐，用功也必定愉快相随，就是不当逻辑了。人是需要获得感、幸福感和安全感的。幸福与愉快是孪生兄妹；只勤而不知放松，那是记忆里的无奈和悲惨。“愉快教育”集体用以回答非议的依据是“孔曰乐学，陶曰兴趣”。孔子和陶子都认同快乐和愉快之于学习的必要，这非议在理论上大约就平息下来；而在私下和在心底，总认为，你们“愉快教育”就是“玩玩耍耍”，于是乎各色“减负”基本上都算空话。

但是，包括龙小在内的七所以及更多学校，学业与发展已经处于相生相伴的关系中，这本故事集所呈现的实践即是实证。获益的学生几乎就是全体，家长自然是亲历亲为者，而读者自己也能够在书中印证这个结论。比如：一、不理解教材的学生，因为教师组织他们参与愉快教育而豁然开朗；二、枯燥的作业因为小组互动而生动有趣；三、狭窄的课堂因为教师的拓展而开阔；四、丧母的小女孩在师生的亲情中露出笑脸；五、近乎顽劣的学生孩子给班主任打电话，“我考起大学了！”还有，“老师，今天您还没有拥抱我！”班主任的办公桌边，有时放上了一朵栀子花和一盒止咳丸……这些故事是学校的育人氛围带出的常态，是精益求精的职业特性铸就的天然。定然，愉快教育拥有这种生机。对于愉快教育，其根本逻辑与一般小学的精彩有异处，它强调要学要乐，强调乐而不忘精学。师生的负担决然在适当的紧张下安排；紧张过后，必有舒心的美乐。一位老师引两句诗在其所撰的故事里，“书卷多情似故人，晨昏忧乐每相亲”，把劳作和愉悦都放在心情里了。这本故事集，特别托出教育教学研究实践的价值，即在愉快教育中，学生学识和见识的提升有目共睹，学习生活愉快能够使学生的一般成长和学业成长相得益彰。龙小实行愉快教育，学生在德智体美劳方面基本上获得了均衡发展，他们既快活开心，又经得住升学这个关口的考验。不然，当下的家长任您怎样言说宣传，也不可能把他们的孩子送进这所学校。毕竟，成长与升学必须得兼。

愉快教育的进展和成功基于学校教师队伍的品质。愉快的基调造就了这支队伍不断“向上向善”，他们团结互助，其好学、善钻研的风格精神得以放大、再放大。于是爱学生、爱学校、爱教育、爱家国的情怀，韧劲而舒坦。教师是最古老、最伟大、最神圣的职业之一。流连在龙小，回味这个关于教师的定义，享受着一种悠深而旷达的永远。回味陶行知关于“真教育是心心相印的活动”，一种纯然的教育境界在胸中荡漾着，没有边界。所谓，纯然即是安心、舒心、静心和潜心了。

1978 年龙小提出了“乐园中育人”，这一思想理念经五任校长而不改初衷，勇敢探索鼎新，先后建立了学生快乐鼓号队、创造了趣精实活的课堂教学模式、发起“府南河呼唤”的环保活动、推动了实效性显著的信息技术教育、首创长短课制和新三好，当下正在推动立德树人与技术经验融合的实践实验，进一步提升优化主渠道和深化全面发展教育教学研究，要使愉快教育再上一层楼。

愉快教育是素质教育的一种形式或者途径，过去四十余年的实践验证已经载入国家教育史册。今后，其实践的完善化和理论的系统化是新任务。这本故事集应该是一个新起点。好在，关于愉快教育基本方向已经打通，下一本故事集将呈现出新面貌。

姚文忠

2019 年 10 月

目　录

我的那些花儿

李琳莉

“那片笑声让我想起，我的那些花儿……”美妙的歌声又在耳畔回荡。

生活中，总有美好的事情，美好的人。作为教师，我比别人多一份幸运，我身边总有一群特别美好的人，他们像精灵一样脱俗，像花儿一样空灵。

“我的那些花儿……我的那些花儿……”我，不就在花丛中吗。

手

又是这个班的课。

这个班的孩子比较“淘”，是出了名的。

每次到这个班上课，我总要打起十二分精神。倒不全因为他们“淘”，他们总是很活泼、开朗、充满创意，就需要我投入更多的精力。

这不，这节“手形的联想”课一开始就很热闹。孩子们纷纷比画着各种“手影游戏”，我估摸着，其中不少花样恐怕是他们现场即兴发明的吧——我可从来没见过呢！

开始画了，小家伙们把自己的手摆弄成各种造型，放在纸上，用铅笔勾画出轮廓，再用彩笔画成一幅完整的作品。这种游戏般的画画方法十分有趣，还能促进孩子多方面能力的发展。

我正在后排给一个孩子看画，教室前面忽然嘈杂起来。抬头一看，一个前排的小男孩儿正举着自己的手，在和黑板上我画的手印比大小呢！旁边几个男孩子也跃跃欲试，眼看就要冲上讲台了！

看着即将“失控”的课堂，我快步走回讲台，请讲台上的小男孩儿回到座位。谁知他冲我一笑，挥着小手凑了过来：“李老师，比下手嘛。”

好像，这要求也不过分啊……

忽然想起小时候和大人比手掌大小的情景，“淘气因子”也悄悄地探出头来，我伸出自己的手，笑着说：“我的手大些。”

话音未落，教室里就冒出了一大片小手，纷纷挥舞着：“我也要比。”“和我比一下嘛。”“我的手大。”……

这下可好，我本来是要整顿课堂纪律的，反而成了“捣乱”的啦！

刚要板下脸来整顿纪律，前排几个孩子期盼的眼神又让我迟疑了：我小时候不也爱和大人比手的大小吗，那个时候好想快快长大，觉得手长大了一点儿都会好开心呢。

我赶快伸出手来，和前排的几个孩子快速地比画着：既然要比，就“速战速决”吧，可不要影响了后面的教学。

谁知这一比，后面的孩子也激动啦，小手举得更高了，有的还站起来，不停地挥手。

我不得不“严肃”起来，颇为郑重地“宣布”：我要找一找那些安静地坐在座位上、认真画画的孩子的手。这样的手是最美的，我想和这样的手比大小。

教室里一下子就安静了。一双双明亮的眼睛看向我，一只只小手也向着我举起来。和我比过手以后，孩子们的小脸上迅速展现出笑容——那种比吃了蜜还甜的笑容。在那些笑容绽放的瞬间，我有一瞬的失神：作为教师的我，竟然一举手就能带给孩子的快乐。孩子们的快乐多么单纯啊。我为什么不多给他们一些呢。

“李老师的手真大呀！”“我的手以后也能这么大吗？”“妈妈说我的手指很长。”“我的手以后要长得比你大。”孩子们开始跟我说悄悄话了。

我不停地微笑、点头，明星般地走过一个又一个小组。

等我再次回到讲台的时候，下面一片明媚的笑容。孩子们反反复复地看着和我比过的小手，一脸的满足与得意——我和李老师比过手了。

这堂课的作业都很漂亮、有趣。我鼓励孩子们把这次的画作贴在自己家里，告诉所有来家里玩的亲戚朋友：“这是我的手，这是最美的手！”

想了想，我又对孩子们说：“回答问题时举起的手、写字画画时握笔的手、帮助别人时伸出的手、打扫清洁时劳动的手……这些都是最美的手，我喜欢有这样手的孩子。以后，我发现这样的手，我都要和它比大小。”

下课了，我的大手又和孩子们的小手比在了一起，贴在了一起。其实，贴在一起的，哪里仅仅是手呢。

苹果

伊子，一个中日混血的小女孩。可能是她个子特别瘦小，眼睛特别明亮的缘故，我一下子就注意到了她。

伊子喜爱粉嫩的颜色，粉红、粉蓝……都是她的最爱。刚开始的时候，我费了好大的精力才让她接受那些“粗犷”“深沉”的画。

伊子的画很通透，看过她明快的色彩和细腻的笔触，再看她的脸，不觉又多了几分灵气。

这是一个娇小的女孩子，瓷娃娃般的精致；这又是一个有主见的孩子，一般的改画建议在她那里可不一定被接受。

我呵护着她的娇小，也惊讶于她的灵气与执着。慢慢地，她和我越来越熟，开始主动给我讲画中的故事，甚至偶尔在课间流露出小女儿的娇态。

第四节下课，我习惯性地快步走出教室，来到隔壁班，这个班的教室门还没打开，我往里望了望，好像正在发作业本。

我正在犹豫要不要敲开门，忽然觉得腰上一紧。回头看去，呵呵，这不是伊子吗，她正环抱着我的腰，侧仰着头冲我笑呢。

我埋下头去，也笑了：“伊子，什么事啊？”

她还是笑，甜甜的。

“伊子好瘦哦！”

还是笑。

我看了看旁边的餐车：“伊子，你是不是没好好吃饭啊？”

伊子不怎么笑了，换成在努力思考怎样回答的样子。

“伊子，不好好吃饭就长不高哦。要认真吃饭，还要多吃菜、多吃水果。”我瞥了眼餐车上层的水果盘：“比如苹果。”

伊子侧仰的小脸瞥向了水果盘，然后回过头来很认真地说：“我不喜欢吃苹果。”

“苹果这么好吃，你怎么会不喜欢吃呢？”

小脸不再仰起，还微微皱了皱眉。

“苹果富含维生素，吃了可以帮助你长高长结实。喜欢吃水果的孩子身体才会好哦。”

伊子小脸再次仰起，很认真地看着我。

门开了，我往里走去。想起还没跟伊子说再见，可一回头，哪里还有她的身影。这个小妹妹啊，呵呵……

等孩子们都吃完饭，我趁着午休前的空隙去办公室把教具放好。那个靠在隔壁教室门边上的，不就是伊子吗?

“伊子，还没吃完吗?”

“我今天都吃了3块苹果了。”

苹果? 等等……本来已经走过的我回过头去，看到伊子正笑盈盈地看着我，手上还捧着半块苹果呢。伊子不是不喜欢吃苹果吗? 难道是为了我刚才的话?

我不由得会心一笑：“伊子今天真棒! 伊子一定会长得高高的!”

那边，啃着苹果的伊子笑得更开心了。

城堡

这次学的是“童话城堡”。

上学期，孩子们学过了“漂亮的房子”，所以这次画城堡我一点儿也不担心。

果然，只一小会儿工夫，或圆或尖的房顶、或方或长的门窗就被孩子们装饰成了星星、月亮、汉堡包、甚至钻石形状的城堡! 一些速度快的孩子已经开始涂颜色了。这些大气的笔触、奇妙的想象，再加上鲜艳明媚的色彩，真让人赞叹啊!

我看在眼里，乐在心里。来到一幅竖构图的作品前，我忍不住道：“这是给谁住的城堡啊? 这么漂亮! 这么高!”

“那个最高的是给李老师住的。”小男孩儿头也不抬，飞快地涂着颜色。

“给我住的?”我笑了。

“唔。就是最高的那个。”终于抬起了头，看了我一眼，继续他的“工作”。

“为什么给我住呢?”

好像被我问住了，小男孩停下了画笔，认真地看着我，认真地想着。

“他喜欢你啊。”旁边的女孩子小声说着。

“对，我喜欢你，所以给你修个最高的房子。”小男孩儿满脸的认真。

我感到自己心里有什么地方被触动了，那种最柔软的地方。

还没回过神，旁边又有声音响了起来：“我这个城堡也是给李老师住的。”“我这个也是。这间住李老师，这间住我。这间住……”

教室里七嘴八舌地嚷起来：“你那个房子太小了，我要给李老师住大房子。”“这间给李妈妈住。”晕了……前一届学生还在叫我“李姐姐”，这届学生连“李妈妈”都叫上了——岁月不饶人啊！

“我的城堡给‘李老伴儿’住。”一个特别漂亮的小姑娘冲我眨眨眼睛。“李老伴儿”？好像是上次春游时给我起的名儿吧。这下连“老伴儿”都当上了……

我也冲她眨眨眼睛：“这个称呼以后私下叫好不好？”小姑娘点了点头，抿着嘴巴偷偷地笑了——这是个跟着爷爷奶奶住的孩子，没准儿把爷爷奶奶之间的称呼“剽窃”来了呢。

一时间，教室里闹哄哄的，但我却不想制止他们。就让课堂纪律暂时松懈一下吧，就让我暂时沉溺一会儿吧。我的心，被装得满满的。

快立夏了，阳台上的牵牛花开得火红火红的，煞是喜人。

周末，拿起笔来，想把花儿们的倩影留在画纸上。看着那些鲜嫩的花儿在微风中向我点头，一时兴起，随手在花朵中心添上卡通的眼睛和嘴巴。

这是教一年级以来养成的习惯，画什么都想画成卡通娃娃。

多看几眼，怎么觉得那些卡通花儿的笑脸这么眼熟呢？这个笑脸像可可，那个笑脸像……我摆摆头，不由轻笑：呵呵，还真是职业习惯呢。

突然觉得自己是多么的幸福——我，就生活在花丛中啊！

和你们在一起

张　菁

小时候，常常和小伙伴玩上课的游戏，那无非就是一群孩子扮老师，另一群孩子扮学生，大家模仿学校里学习情景的游戏。而当我真的有一天站上讲台，面对四十多双真诚的眼睛时，我却深深地感到肩上那份沉甸甸的责任。

我到现在还记得，第一天上班认识自己的第一批学生是一个下雨天。那天，我迟到了，而学生却早已在其他老师的帮助下，排着整齐的队伍在教室门口等着我。我在雨中奔向他们时是愧疚的，学生们挥着小手大声喊着："张老师，快点，快点，别被雨淋了！"才入学的他们虽然才五六岁，却给初为人师的我上了生活的第一课。从那以后，我知道自己所肩负的责任是多么重大，这份责任让我认识到必须尽快进入老师的角色。

刚入校的孩子们年幼可爱，是最好的小演员，自然而又大方地让老师不由自主地和你们融为一体。刚开始，你们不会系鞋带，不会系红领巾，你们会找到我寻求帮助；你们会吃手指头，用衣袖擦嘴，会在饭后毫不客气地的给我一个拥抱，甚至上厕所没卫生纸时也会找到我。后来，你们会在下课时到办公室问我"老师，有什么事做吗？"当我出现在教学楼的过道上时，你们会有人在前门露出个小脑袋，然后快速缩回去，大声喊："张老师来了！"然后一片齐刷刷的小脑袋静息等待。关于这些"开始……后来"的故事还有很多很多，想起这些，我深感欣慰。

在你们面前，我想做真实的自己，老师和你们一样，也会有喜怒哀乐。你们学习进步了，你们的缺点改正了，你们学会关爱别人了，我为你们微笑；你们淘气了，发脾气了，退步了，老师会为你们着急；你们受伤了，生病了，活蹦乱跳的你们一下子变得无精打采，我多想把你们抱进怀里，让你们的心温暖起来。可爱时，你们不说话也会让老师高兴；调皮时，老师为你们皱眉头，睡不着觉，梦里偶尔也是你们的影子。和你们在一起，张老师拥有了多彩的心情故事。

记得写话本上你们常问我为什么要当老师，我觉得能够和你们在一起感受生命的成长是一件何等快乐的事情。看见妈妈带着牵挂送你们进学校，看见爸爸带着企盼接你们回家，看见老人们无论炎热寒冷在校门外等你们放学，我读懂了他们的苦心，其实我们大家都在用自己的方式陪伴你们的成长，就像花匠精心照顾自己的蓓蕾园，等待收获。

未来的你们将各展其才，在自己的小学生活中画出精彩的人生画卷。作为你们的老师，我期待着你们的成长，感受着你们的成长，分享着你们的点滴快乐。老师常说你们就像一棵棵小树，请接受我为你们修枝剪叶，浇水培土，让你们渐渐长成参天大树。

于漪老师有这样一句话："当生命的春鸟在外界遭到暴风雨的洗劫时，仍然能够张着带血的羽翼在心灵的原野上飞翔，而且能够依旧低吟一首超然物外的生命之歌。"我认为这是教育的最高境界，只要有信念，就会获得教育的快乐和成功。因此，孩子们，无论未来你们毕业后会去向何方，请记住，我的心会永远和你们在一起！

考试之后

戴紫诚

我既是班主任，又是一名二年级的语文教师。在批改本学期的一次单元检测试卷的时候，我发现有好几个孩子在“看拼音写词语”这种题型上失分严重。按理说，学生在复习时如果进行了听写，是绝不会这样的。在和家长的交流中，我听到了这样的抱怨：“戴老师，我叫他听写他就是懒，不想写，你看嘛，错那么多，你帮我批评下他，要求他下次复习的时候必须听写。戴老师，只有你说的话他才听，我怎么说都不管用。”

家长的话引起了我的思考：为什么显而易见的好方法学生不用？仅仅用一个“懒”字能解释吗？怎样才能让学生“不偷懒”，主动采用科学的方法进行学习呢？

第二天的语文课，我们没有评讲试卷内容，而是一起探究复习方法。“考试之前，你们怎么复习的？”我协助孩子们把各自的复习方法罗列在黑板上：看书复习法、综合复习法、习题复习法……不管是哪一种方法，我均给予了充分的肯定。这时我看见有的孩子眼睛开始发光了，是的，就是那些之前“偷了懒”的人，他们万万没想到，老师没有批评他们。紧接着，我提出了疑问：“这些复习方法有区别吗？”教室里在短暂的沉默之后出现了好多高高举起的小手。我看到那几个偷懒的孩子也在其中。不用批评，不必讲道理，分数的高低是方法优劣的最好证明，该怎么复习，大家心中都有数了。

没多久，我们又进行了第二次单元考试，绝大多数的孩子在成绩上都大有提升。家长向我反馈：“戴老师，你的引导太有效了，这次考试之前，孩子主动要求我帮忙听写。”

比起分数的提升，我更看中学生学习自主性的提升。其实不管是什么学科，学生的学习自主性越强，成绩也会越好。所以老师和家长也常常希望能培养学生的自主学习能力。在这个案例中，也让我有了一些新的领悟：

1. 尊重孩子的选择。不管他选择怎样的复习方式，我觉得首先不要轻易否定他。一是因为他完成了作业，二是他自主做出了选择，必然有他自己的想法，我们要尊重他自主思考的行为，只有这样，他才会继续下去。不要害怕他选错，因为选错只是他做出正确选择的必经之路。我们不要偏离了教育的目标：我们要做的是引导他自主学习，而不是教会他一贯正确。

2. 激发孩子的思考。我们不讲大道理，只把事实列举出来，让学生自己去比较，自己去发现，自己去思考，自己去尝试。只有通过自己体验获得的感受，学生才会“信”得心服口服。

3. 等待孩子的转变。有的孩子可以在一次体验后调整自己的行为，而有的学生也许需要更多次的体验才能确信，所以无论是老师还是家长，我们要等得起，这种等待是学生自主学习习惯养成的最重要的环节。

“教育的艺术不在于传授本领，而在于激励、唤醒和鼓舞”。对此，我深表认同。

“你妈妈为什么不接你”

李　霞

2006年，我刚踏上工作岗位，9月，接到了第一批学生，我和他们一样，初到龙小，都是新人。

刚拿到学生名单，“修一兮”这个特别的名字引起了我的注意。果然，这个名字特别的女孩子和其他女孩不太一样：喜欢和男孩子称兄道弟，喜欢运动，喜欢问些稀奇古怪的问题。

二年级的一天中午，修一兮跑到我的办公室，半天不说话，最终“冒”了一句：“李老师，你的妈妈怎么不来接你呢?”我顿时诧异，紧接着笑着告诉她：“我长大了，可以自己回家，所以我妈妈不用来接我。”她盯着我，想了想，“哦”了一声，跑了。

原以为她会满意我的答案，不料第二天下午，我刚上完语文课，她急匆匆地跑到我的面前，一脸茫然，问道：“李老师，为什么你的妈妈还不来接你?是不是她不喜欢你啊?”她话音刚落，我一下子笑了起来。真有趣的想法!

“我妈妈不是不喜欢我，正是因为她喜欢我，她才不来接我。”

“为什么啊?”她更茫然了。

“因为我长大了，长大的孩子要自己独立做事。如果妈妈再来帮忙，就不是帮助而是溺爱了。”

“你是你妈妈的女儿，你妈妈就该来接你啊。”小丫头不依不饶。

“我妈妈喜欢我自己回家。”

“那你妈妈肯定不爱你!”说完，又是一溜烟地跑了。

过了一个星期，修一兮都没来“盘问”我，我估计她是想通了。没想到，星期三下午第一节课刚下课，她又来了。“李老师，你妈妈怎么还不来接你啊?”

“我是大人，我妈妈不用来，免得她辛苦。”

“你不是大人!”

我愣了，反问道：“我怎么不是大人?”

“三十岁以后才是大人，妈妈就应该接自己的小孩儿啊。”小丫头一脸执拗，后来，“你妈妈为什么不来接你”的话题这样不了了之。

很久以后，我都在为当时没给小修一个满意的回答而感到遗憾。我时常在想，如果当时我能问一句“你觉得为什么我的妈妈不来接我”会不会更好一些？会不会更能走进小修当时的内心，解她的惑也解我的惑呢？不过，尽管当时没能给小修满意的回答，但我却仍然感激小修，她让我明白，真心地对待孩子才能真正获得孩子的信赖与喜爱。

时间如白驹，多年后的一天，我正在支教，意外地接到电话。电话那头，是瞬间变熟悉的声音。挂了电话没多久，就在走廊上见到了身高近 170 厘米的小修。许久未见，仍是亲切。和小修聊了很久，她对学业的想法、对未来的想法，言语间，没有一点陌生，仍然是小时候那个喜欢不明白就要打破砂锅问到底的劲头。一瞬间，仿佛回到了“你妈妈为什么不来接你”的画面，只是小女孩长大了，情谊仍留！

那一场突如其来的大雨

胡　军

五月的成都，天气有些阴晴不定。就像现在——下午第三节课，原来明媚的天空忽然像罩上了一层暗沉的纱，显得教室的灯光如雪般明亮。一个男孩儿不经意地往窗外一瞥，强烈的明暗对比让他的嘴巴惊讶得拢成了一个圆形，他悄悄地对同桌说："要下雨了"。女孩儿迅速瞟了一眼窗外，正想回应，忽然正襟危坐，闭口凝神，她看到了我严肃的目光。那天，我们在上吴运铎前辈的文章《劳动的开端》，孩子们正游走在字里行间，努力地去还原一个十二岁的单薄少年第一次去挑煤的艰辛场面。不知是因为生活背景和经历的差异，还是我的教学设计缺乏针对性，孩子们的理解不可谓不正确，但从他们的侃侃而谈中，你听得出一种"隔靴搔痒"的形式主义，他们没有被文字打动、没有被这个与命运抗争的小男孩儿感动……

远远的一阵闷雷滚过，顷刻大雨如注，似千军万马从天而降，那雄健豪壮的气势似乎要涤荡尽所有尘世的喧嚣与尘埃。毫无疑问，这是今年迄今最大的一场雨。

所有孩子的眼睛都望向了窗外，包括上课最专注的小雅。与这场突如其来的大雨相比，课本上的文字、老师的讲解都变得那么羸弱、那么轻飘。

"都转过头去，咱们一起来欣赏这幅难得一见的暴雨图吧！"

孩子们兴奋而狐疑地望着我，他们不确定我说的是不是"反话"，在得到我的再次肯定之后，他们齐刷刷地转过脑袋，静静地望向窗外那个大雨滂沱的世界。我想，这来自大自然雄浑壮美的画卷对他们心灵的撞击与滋养一定强过我苍白的课文讲析。

忽然，电光火石间，一个念头闪过脑海：十二岁的吴运铎在他艰辛的挑煤生涯中，一定也遇到过这样的天气。只不过，此时对我们来说，这场大雨是大自然力量的展示，是一种强盛生命力的美；彼时对他来说，这场大雨却是大自然施虐的暴戾，是一场雪上加霜的灾难……我得抓住这个千载难逢的教学时机。

“十二岁的吴运铎在挑煤的时候，一定也遇上过这样突如其来的暴雨天气。透过你眼前的层层雨幕，你看到了个怎样的挑煤少年形象?”

这问题让孩子们从刚才漫无目的地“赏雨”情趣中走了出来，开始了“感同身受”的角色体验历程：

“我看到了一个瘦弱的小男孩挑着煤筐行走在山路上，大雨像长鞭一样抽打着他，可他无处可躲，只能一步一滑地向前走去。”

“我看到了一个十二岁的少年担着两筐煤，大雨让他根本睁不开眼睛，他只能凭感觉小心地移动着脚步。忽然，一块石头绊住了他，两筐煤撒了一地……”

“我看到了一个在雨中边捡掉落在地上的煤块儿边放声大哭的男孩儿形象。挑煤对他来说，已经够艰难的了，现在还加上这场大雨，哎！老天爷真是不长眼睛啊!”

……

好一个“老天爷不长眼睛啊!”话已至此，何谓“艰辛”，我相信孩子们已经了然于胸了吧。

感谢这场雨，它让我第一次真实地体验到教学中情景交融所带来的巨大冲击力和影响力；感谢这场雨，它让我能够跳出书本、跳出课堂，带着孩子们与自然交互，那感觉真的很好、很好!

那一场突如其来的大雨，可遇而不可求，我庆幸，没有与它失之交臂。它挥洒有力，无疑是我教学生涯中浓墨重彩的一笔!

时间都去哪儿了

阳艳霞

时间都去哪儿了？我还没好好思考就已工作 18 年了。

记得刚工作那会儿，真的非常不适应，面对一群刚从幼儿园出来，成天叽叽喳喳的“小鹦鹉”们，我没有办法让他们安静下来；面对教材上的满篇图画、简单文字，我无法理解这么简单的东西居然要讲这么久。我很羡慕那些用一个眼神就能让一群小“鹦鹉”立刻变成小白兔的老师们，羡慕那些可以把一个简单问题讲得深入浅出的老师们，羡慕……那时候，连做梦都在羡慕……当然也难免有遭别人白眼儿的时候。

羡慕、白眼儿之后留下的是思考，是加倍的付出。每天抬着小板凳、厚着脸皮走进老师们的课堂；外出听课总是从第一节听到最后一节，老师说的每一个字都争取记录下来；自己上完研究课总是厚着脸皮请别人评课，一定要听到老师们给出的建议，有时害怕记不住指导老师的建议，就硬是把它录下来回去反复听；听到别人说哪本书，哪篇文章好，就赶紧找来读……一路走来，从老师到家长，我真心明白孩子们需要的不仅仅是那一点点简单的知识，更重要的是知识背后所蕴含的思想方法以及思维方式。

记得有一次去听随堂课“运白菜”——三位数连减运算，当学生出现两种方法后，老师的设计朴实、语言简单、提问精炼：

“两种方法的结果都是 306，巧合？为什么相等？两种方法相同吗？不同在哪儿？是不是每个连减算式都可以写成这样？同学们可以利用课后的时间试一试……”

无法记下这节随堂课上老师和学生说的每一句话，但最让我激动的是学生的思维通过老师精心的设问一步步得以提升！曾经我也上过这个内容的课，也提过很多问题，可那些问题明显无效，对学生思维发展用处也不大，课需要磨，问题需要炼，对教材的基本内容以及背后的东西需要深挖，备课时关键性提问要考虑周到，才能真正做到有效，真正对学生有益。

借鉴、思考过后，就是实践。在上“长方体的认识”一课时，我给学生足够的时间和空间，让他们自己研究长方体的面和棱的特点，于是就有了下面这些生动的想法：

“你想象我们站在长方体里面，其实我们每天都在教室里上课，教室就是一个长方体，它就有6个面，上下左右前后。”

“相对的两个面完全相同，长方体可以看成是这一个面一点一点地移动变成的，既然是它慢慢平移过来的，那它的大小就不会变。”

“我不用量就知道。根据刚才判断2个面面积相等时找它的长、宽那种方法，我们就可以判断这4条棱是一样长的。”

一节随堂课，上得我心潮澎湃，因为孩子们的眼神，因为孩子们的声音，没有一处不让我感受到他们思考的喜悦。可问题来了，教参上1课时的内容活活被我上成了2个课时，这有限的35分钟真的让我很尴尬。总想让学生在课堂上能尽量发表自己的看法，这样一来课时就严重不够，真是鱼与熊掌不可兼得吗？如何在课堂教学中找到一个平衡点，既能让孩子们基础扎实、又能提高思维水平？这是我现在迫切需要解决的问题。

这就是我在羡慕别人的同时常常做的事。像这样的案例还有很多，只是因为我的懒惰而疏于记录。常常在想，要是我能勤奋些，也许应该小有成就了吧！

“回首向来径，并无惊人举”。从初出茅庐时的青涩懵懂到如今独当一面的自信沉着，我知道自己的时间都去哪儿了。而且我坚信，它还会随着生命的河流一路蜿蜒向前，带给我更多的成熟美好！

尊重·改变

钱　红

作为六年级的品德课教师，我常常根据教材的内容进行小组汇报表演，要求人人参与，自由组合。这种课型得到了全体同学的喜爱，他们参与热情高涨。

一天上课前，一个女生到办公室难过地告诉我："钱老师，同学们小组表演都不要我。"我看看她，轻松地说："没关系，下节课我去解决。"确实是这样，以往其他班上也有在分组的时候没人要的同学，我只需在班上说说，马上就有小组会主动要她，我甚至想好，要给那组的学生每人加一朵红花。

上课后，我环视了一下教室，问："同学们表演的小组都分好了吗?"大家点点头，我接着说："王同学还没有组，哪个组要她?"我满怀希望地看着全班同学，可是，班上鸦雀无声，居然没有一个组举手要她？我感到有些意外，但还是说："同学们应该团结友爱，每个人都有自己的长处，也有自己的短处，人无完人，如果你好好地利用别人的长处，会取得事半功倍的效果!"这时，有一个平时调皮的学生怯生生地举了一下手，然后又放下了，我连忙问："你愿意吗?"他环顾四周说："我愿意，可是我们组其他人不愿意。"我马上请组长站起来："你们组愿意吗?"组长也看看周围后说："他们不愿意!"我扫视一遍全班，口气坚定地说："作为组长，就应该学会领导自己组上的同学，团结一切可以团结的力量！既然你们组有人愿意要这个同学，那她就到你们组去!"话音刚落，教室里一片不满的声音。

我意识到刚才自己的语气有些强硬，学生肯定没有口服心服，现在的学生越来越有自己的想法，不再盲目听从老师的意见。其实，这是一种好的现象，学生学会了思考，作为教师我们应该保护学生的这种个性，应该尊重学生的想法，听听他们的意见，同时可以就这件事对学生进行一下如何接纳他人缺点的教育。于是我缓和了一下口气说："那我们这节课就来讨论一下刚才分组的问题。"我话音未落，教室里居然响起了热烈的掌声。还有学生甚至说："钱老师万岁!”我突然明白了，这是学生对我尊重他们，没有一意孤行地按我的想法去做的最好回应。

我想了想，说：“那你们讲讲为什么都不愿意要她到自己组上?”一个同学马上站起来说：“她每次都是光说别人，自己什么都不做。”“就是，就是。”许多的声音附和道。“她每次欺负人都不认错。”“就是，就是。”又有人附和。我看看那个同学，她低着头，红着脸，没有反驳。我想，她肯定知道自己做得不好，后悔了。我顿了顿，说：“大家说的有一定道理，但是，如果我是那个同学，我一定很伤心，很后悔。后悔自己平时做事的方法不对，让很多同学都不喜欢她了，但她肯定更伤心，她会想：‘为什么我会在这个班上？为什么这个班上的同学只会排斥我？让我感受不到一丝温暖?’人无完人，每个人都有这样或那样的缺点，对待别人的缺点我们应该是什么态度？如果你是王同学，别的组都不要你，你会怎么想?”

下面是一片沉默，一会儿，一个同学说：“如果是我，我会很难过。”另一个学生说：“我会哭、会伤心。”

这时，我对学生说：“大家都体会到了那个同学的心情，你们哪个组愿意给她一个改正的机会?”学生纷纷举手，说：“到我们组来。”

此时，王同学站起来激动地说：“听了大家的话，我知道自己错在哪里了，我一定会好好改正，谢谢大家给我改正的机会”。

第二节表演汇报课，王同学的小组汇报得很出色，获得了全班热烈的掌声。我表扬了这一小组，这时，他们小组的组长说：“最有新意的创意是王同学的主意。幸亏我们要了她。钱老师说的对，每个人都有优缺点，我们要看到她的长处。”而王同学也站起来说：“大家给了我改正的机会，我肯定努力做到最好，不辜负你们对我的信任”。

我想，这次尊重学生意愿的讨论，既会让全班同学懂得如何对待同学的缺点，也是对王同学最好的教育，让她明白，有时不要太自我，在集体中应该怎样做一个受欢迎的人。而我也更加理解了只有真正尊重学生，让学生说出他们想说的心里话，而不是一味地把教师认为对的东西硬塞给他们，让他们进行自我教育与反思，才能真正达到教育的目的。对学生的尊重不仅不会让你失去威信，而会让学生对你的热爱和尊敬更加炽热。

“小石头”的故事

秦　雪

“不好了，不好了。”五六个孩子七嘴八舌地叫着，一窝蜂似的挤进办公室，“小石头在柱子上乱写乱画，不爱护公物。”“小石头生气了。”“小石头打人了。”

放下手中的红笔，我开口劝道：“不着急，一个一个地说。”

一会儿工夫，我大致知道了事情的始末。课间，这几个孩子在教室门外的柱子上发现了一行歪歪扭扭的拼音和汉字，意思是：这是小磊的地盘。大家找来了我们班的“小石头”，问这是不是他写的。“小石头”不承认，还骂人。当有孩子指出，这就是小石头的字迹时，“小石头”挥起拳头，打了说话的孩子。

根据孩子们提供的线索，我找到了“小石头”。只见他正咬牙切齿地坐在柱子旁的台阶上生闷气。此时的他满脸通红，额上、鼻尖都冒出了汗珠。

“小磊，听说柱子上有人写了一行字。这些字是……”

话还没说完，“小石头”猛地站起身来，大声吼道：“我不是，我没有！”

我笑起来：“我想问字是什么时候有的。什么叫‘我不是，我没有’啊？”他抬头瞧了我一眼，就垂下头，眼睛东瞅瞅，西看看，再不看我了。半晌，他低声说道：“这字不是我写的，他们胡说。”

我用纸巾轻轻擦去“小石头”额上的汗珠，拉起他的小手，正准备给他擦手上的污渍时，突然看见他的手指和掌心都有粉红色的粉笔灰。

我扭头看看柱子上拼音和汉字混在一起的那排粉红色的字迹，觉得好笑，却并不揭穿：“这是谁写的？怎么把拼音中间的小椅子‘h’写反了呢？”

“他撒谎，咱们班只有他才会把拼音中的小椅子写反。”站在一旁的娟娟插话了——她是“小石头”的同桌。

听了这话，“小石头”的耳朵唰地一下变红了，头埋得更低了。

“小磊是个光明磊落的孩子，我相信他会告诉我是怎么回事的。现在，能让我跟小磊单独谈谈吗？”孩子们懂事地散开了。“小石头”张了张嘴，挤出了一句话：“老师，他们胡说，这不是我写的。”我盯着“小石头”的眼睛，认真地说：“我觉得你的字比柱子上的好看。快去把你的作业本拿给大家看看，证明这一点。”“小石头”立刻把手藏在身后，为难地说：“我的本子……没有带。”我提醒他：“办公室里有你的听写本，你那里还有语文书。需要我帮你拿吗?”“小石头”愣了，随即“哇”的一声大哭起来，边哭边嚷：“不要拿，不要拿，这字就是我写的。我，我中午写的时候怕别人看见，就写得很快。”

我轻轻抚摸着他的头，等他的哭声渐渐小了，问了他两个问题：“你为什么要写呀？别人说是你写的，你就可以打人吗?”“小石头”沉默了。他的右脚在地上蹭过来蹭过去，手握成拳头又松开了。我耐心地等待他的答案。好半天，他挠挠头，回答：“我每天带我家小狗去遛弯时，小狗就会到处撒尿，标记它的地盘，所以我……”“啊?”我夸张地睁大了眼睛。他接着回答：“是我写的，大家来问我，我应该承认，把字擦掉，不该打人。”“平时我怎么教大家处理这种事的?”“小石头”把蹭来蹭去的右脚收回来，站端正了，勇敢地看着我，大声说：“男子汉有担当，有问题要解决。老师，我知道怎么做了。谢谢老师。”

“小石头”去找同学承认错误了……“小石头”拿帕子去擦拭柱子上的字了……

第二天，经我提名，全班举手通过，“小石头”担任了“文明监督员”。

课间，“小石头”在和同学一起玩耍时，常常提醒大家要讲文明。

新的学期开始了，“小石头”见了我，神秘地塞给我一个日记本。我打开他折了一个角的这一页——哇，假期里，“小石头”制止了表妹要在卢浮宫乱涂乱画的行为，还给表妹讲了他自己的经历，讲了老师告诉大家的“熊孩子用可乐洗钢琴导致巨额赔偿”的新闻。现在，表妹和“小石头”一样，也成了小小“文明监督员”。

“小石头”真是个负责的文明监督员，我笑着伸出手，摸摸他的头。

静待最后一朵花开

李　怡

走过飘着栀子花香的小桥，校门渐渐退后，几个男孩回头灿烂一笑："疯狂的一天结束了，李老师明天见哈。"

全班49人，男生个个调皮，女生个个精灵……聪明伶俐，张扬外露，注定不省事儿。给这样的班当头儿，我这运气也是……遇到他们，就像"渡劫"，注定要受"折磨"；不过，遇到他们，更是一份幸运吧，再寻常的日子也会有"惊喜"，连连的挑战，令我苦恼、烦闷，也催我不断奋进。一步一个脚印，我逐渐成长为勤于学习、乐于思考，善于知人识人、协调各种关系的优秀班主任。以尊重为原则，以理解为方法，以爱唤起认同和追随，以魅力征服不羁和桀骜，我似乎游刃有余，犹如柔和的春风以温暖的情怀催化绵绵春雨。49朵娇嫩的小花悄悄绽放在春天的原野。

49？那一脸轻蔑，还斜着眼瘪着嘴，哼哼唧唧的是谁？我的眉头不禁紧锁起来，那不就是非比寻常的"1"——鼎鼎大名的崧吗？

他实在太特别！崧的爸妈都是北师大毕业的硕士，家庭气氛极其民主，造就了难以管束的他。他对什么事都要雄辩一番，表现出了远超同龄孩子的成熟，甚至有些世故、消极。小小年纪的他对学校的规章制度指手画脚，总跟老师针锋相对，心里种着一排刺儿。音乐期末考唱《每当我走过老师窗前》，他拒绝；美术老师批评他，他不屑，洋洋洒洒几百字检讨，全是老师的不是；小学品德与生活课考试，任凭老师苦口婆心，他就是纹丝不动……我多么希望有一根神奇的魔法棒呀，一挥，他就像一般的娃娃模样，遵守纪律，不当刺头，和老师亲亲密密。自己不灵，我把希望寄托在家长身上。于是和他妈妈频繁交流，种种不是一股脑儿倒出来，并急着建议这样那样。久而久之，他妈妈却认为我针对孩子，一肚子都是对我的不满。原来"绝顶聪明"的孩子没少在家长面前编排我。我陷入了困扰和烦恼：明明是实话实说，明明是按章办事，明明帮忙收拾了那么多烂摊子，明明是关心和爱护，怎么还捞不到一个好？

是哪里出了问题？我清零一切，调整情绪，静下心，深呼吸，理清事情来龙去脉，内心变得豁朗起来：我太在意对和错，一味强调规则，让孩子总在为惹的事买单，内心充满挫败感，他筑起了心理防御墙，把我挡在外面，以向他眼里的权威——学校和老师挑战来展示自己的实力不容小觑，越想我脸越红，心越愧。我看到了自己的局限，也开始理解崧和崧妈。

再次站在崧面前，我已不是昨日之我，内心澄净平和的我不再是判决者。当看到他成天抱着玩偶，显得滑稽可笑，我表扬他善待“童年玩伴”，并没大惊小怪，这让他意外；崧语文能力强，他要求有些作业不做，我知道这是试探，但同意了，他觉得我好说话了；科任课闯了祸，他一时转不过弯，我代他向老师解释，他觉得我在帮忙了；他再质疑学校规定，我请他不妨提建议，他觉得我开始倾听了；当他被请出课堂，我不再数落他影响班级，而让他在办公室看书，他认为我开始懂他了；有时，我请他给同学讲题、改作文，有时看似无意地问询他的意见，他感觉到我的倚重了……一学期、两学期、三学期，我没打投诉电话，没请过家长，不批评、不说教，不强求。静静的关怀和爱是最好的医疗师，充分的信任和理解是最佳的黏合剂。他看我的眼神多了几分亲近，看同学的眼神多了几分友好，上科任课多了几分专注，做作业多了几分认真，对学校多了几分感情……特别的爱给特别的他，崧开始评价我是善解人意的老师了，我心里甜滋滋的。读到他充满感情地介绍班级：“孩子们沐浴在校园清晨的阳光和和煦的清风中，沐浴在老师不倦的教诲无私的关爱中，沐浴在班级温暖包容和同学真挚的友谊中。”我欣慰又幸福。

孩子毕业走了，留下了难忘的回忆，也留下了我在班主任履历上宝贵的成长。我开始真正懂得要做到因材施教，就要对每个学生的才能特点、性格特点心里有数，脑中有策。在教育学生的过程中要从学生的实际情况出发、从个性差异出发，把他们看成一个个鲜活而独特的生命个体，遵循他们特有的成长路径，有的放矢，循循善诱，使每个学生都能找到自我发展的最佳跑道。

最后一朵花终于开放，49 朵可爱的小花装点着我教育人生的原野，最美的春天就这样悄悄向我走来了。

简单的幸福

曾　艳

坐在讲桌旁，我环视着教室里正埋头安静写作业的孩子们，内心感叹着："真乖！"可当我的目光扫过窗边时，不禁皱起了眉，哎，一个与此景格格不入的男孩映入眼帘。他正晃着脑袋，嘴里念念有词，左手搓着橡皮，右手拿着铅笔，推了一下本子，又弯下腰捡起掉落在地上的东西。我起身走过去，拍拍他的肩，他望了望我，赶紧埋下头，做出写作业的姿势。可当我转身回到讲桌旁时，刚才的一幕又上演了，无论如何，这笔就是落不到本子上去，"哎"，我叹了一口气。

他叫小木，今年刚踏进小学校门，对于他的入学，父母充满了担忧，因为这是一个开口说话特别晚、生活能力明显弱于其他小朋友，并且拒绝上幼儿园的孩子。

或许是上"小学"在孩子心中的神秘与兴奋，小木乐意上学，并逐渐适应了小学规律的生活。这是一个好的开始，可是课堂上的小木无法集中注意力，接受知识的速度比别人慢，思维比较跳跃，不能清楚地表达自己内心的想法。随着时间推移，兴奋感逐渐消失，学习上的困难慢慢突显出来，于是，开头这一幕便时常在课堂上出现。

对于这样的孩子，我希望能给予他更多的帮助，让他能在学习上达到自己的最佳状态。除了日常关注鼓励之外，我和他的家长商量，每天放学晚接一会儿，利用这个时间，我来为他进行单独辅导，温习所学知识。

每天，在忙碌的工作结束，送走班里其他学生之后，我就会在教室里面开始对小木进行有针对性的补习。我给他讲汉字的故事，和他做各种各样的游戏，我们在轻松的氛围下对所学知识进行回顾。一段时间下来，孩子的字词掌握有了很大的进步，在一次生字小测验中，他竟然全对，这对于他来说太不容易了。虽然还有不少问题，可小木的学习兴趣、学习成绩、自信心都在不断提高着。课堂上，他也能像其他同学一样独立完成老师布置的作业了，真令人欣慰。

学期中，我到北京去学习，有一天接到了小木妈妈打来的电话，她说："曾老师，不好意思打扰您，小木说他想您了，非要给您打个电话，我让小木和您说……"接着，电话那头传来了一个稚嫩的声音："曾老师，我想您了。"顿时，我的心头一热。孩子的话是发自内心的，我想他之所以想我，是因为他感受到了我对他的付出、对他的爱。

后来，有一次由于感冒，我的嗓子嘶哑了。第二天一早，我看见办公桌上放着一盒润喉糖，那是小木送来的。

幸福是什么？幸福是一句"我想您了"；幸福是一盒小小的却满含心意的润喉糖。学生的幸福源自有一个爱他的老师，而老师的幸福感也来自与学生在一起的点滴，从教以来，我一直被这样简单的幸福包裹着。

我的教育故事

——烤箱边上，陪你等面包出炉

林美伊

许多朋友都羡慕我，常说："能当一名教师真好，寒暑假可以睡懒觉啊。"可是，身为一名教师，不管是授人以鱼还是授人以渔，都必须自己心中有"货"。美好的寒暑假更是适合学习"充电"。天气炎热，一人在家，开空调实属浪费资源。于是闲时泡在书店，随意看些书。

在一本名为《甜月亮》的书中，作者说人生是一个先揉面团，再看着面包在烤箱里鼓起来，然后一口一口吃掉的过程，是充满期待的快乐的过程；面包没了，但因为忙碌、等待和美好而生的快乐感觉会永远留在记忆里。我想，或许我可以是个在烤箱边上，耐心引导、陪伴孩子们专心制作面团等面包出炉的人。大学的时候，一个学姐曾说想成为一名优雅的数学老师，而我想做一名温暖的数学教师。

小学阶段的孩子们特别爱做手工，认认真真地做好以后就会特别兴奋或者有点羞涩地送给自己喜欢的人。好朋友、家人和老师常常都能有这样的"福利"。当我从教室路过，会有孩子突然跳出来抱住我，赶紧塞我一个折纸，办公桌上会安静地躺着几封信。有一天，一个男孩来办公室送了张画给我，欣赏交流以后，我就放进了盒子里。"林老师，等六年级毕业的时候，你真的会打开'藏宝盒'，给我们看小时候做的东西吗？"他清澈的大眼睛认真地看着我。"一定。"没有想到，在他们刚入学时，我说的一句话，孩子一直记在心里。看到过这样一句话："老师不经意的一句话，可能会创造一个奇迹；老师不经意的一个眼神，也许会扼杀一个人才。"

学数学，免不了要做题，肯定也会做错题，作业的二次批改特别重要。一天下午，孩子们排队来改错。我照常抽题问道："这道题你是怎么思考的呢？这个算式 是什么意思呢？"一个女孩吞吞吐吐地解释着，神色有些慌张。很"可惜"，她说错了却写对了。后面还有等待批改的学生，我该说什么更好呢？

我没有想清楚，于是我看着她的眼睛沉默了一会儿，请她坐在我旁边自己先想一想。同学们都走后，我问道："你有什么话想先告诉我的吗?"她低着头小声地说："这道题我不会做。"可是作业本上的答案写对了呀，我很疑惑地看着她，她沉默了一会儿，接着告诉我那其实是抄了同学的。当我询问她对这件事有什么想法的时候，她忍住泪水小声地解释了原因也承认了错误。我再次问她："你认为该怎么处理，需要林老师怎么帮助你呢?"最后我和她达成默契，不告诉家长和同学，让这件事成为我们的小秘密。刚刚从教的我，没有什么经验，不太清楚有什么更好的办法。之后她会做错题，还是很害羞，但她会偷偷来问我，这挺好的。美国教师兼作家泰勒·马里在《老师如何成就学生》中写道，"我让孩子比他们想象中更努力。我让C+感觉像一枚国会荣誉勋章，A−仿佛像一记耳光……我让孩子们好奇，让他们提问，让他们批判。"面对这个温柔的女孩，我内心有点生气却也没有办法严厉地批评她，因为理解。我记得《教师效能手册》中写道，当学生遇到问题，教师应如何处理时，写到可以选择积极聆听，或许很适合不善言辞的我和这个乖巧的女孩。在孩子自己述说的过程中，问题可能就被慢慢地解决了。

不知道我能陪孩子们烤多少面包。希望他们能喜欢我，喜欢学习，等他们长大了、老了，就算忘记了面团的发酵时间，也会记得过程中的感觉。

快乐，其实很简单

张海蓉

十月的校园，虽没有春天的绿意盎然，却也别有一番韵味。伴着淡淡的桂花香，偶尔从树上飘落下来的黄叶，孩子们迎来了他们期盼已久的时刻——鼓号队训练。

说起这鼓号队，那可是学校一张靓丽的名片。要知道成立于1980年的龙小Happy乐队先后培养出上万名优秀少先队鼓号手，为四川省音乐学院、中央音乐学院等团体，输送了上千名优秀人才。Happy乐队经常接待国内外来宾，参加各种省市级别的大型表演活动，能成为一名光荣的少先队鼓号手是每个龙小学子的光荣与梦想。在龙小，一年级加入中国少年先锋队，称为“一次入队”，五年级加入少先队鼓号队，称为“二次入队”。经过长达近两个月的不懈训练，五年级的少先队员们会以中队为单位，在嘹亮的号声、铿锵的鼓声中，为集体的荣誉而奋斗。这段时间，孩子们个个都铆足了劲，无论是烈日高照，还是秋风瑟瑟，只要一站在练习场，挎上鼓，举起号，扬起鼓槌，孩子们个个小背挺得直直，全情投入。课间十分钟，也随时可以看见孩子们三五成群地聚在一起挥动着手臂，以笔作鼓槌，嘴里哼着曲子打着拍子，只等比赛时一决胜负……

终于忙完了一天的教学工作，正准备下班。一阵急促的电话铃声响起，接起电话，大事不妙，一向身子骨弱的萌萌倒下了，还是手足口病。萌萌妈妈想得周全，提醒我教室是否要消毒，班里其他孩子千万别传染了。真是怕啥来啥，不到两天时间，班上的体育健将也倒下了，病情一样。这下完了，为了防止疫情扩散，我们班被暂时隔离了，大课间只能改为室内操，每天全校最后一个放学。担任了多年的班主任工作，这些都在我的意料之中。可是鼓号队比赛怎么办？大家练习了近两个月，眼看还有几天时间就要比赛了，箭已在弦啊！

我把这件事汇报给了学校德育办，很快有了答复：疫情的控制是重中之重，不能有丝毫疏忽，你们班不能参加这次比赛，但可以“友情演出”，也就是在参赛者和观众都散场回教室之后，全班再到操场表演。这还有什么劲儿？苦练了这么长时间，连高手过招的机会都没有了。“那咱们班弃权。”既然连名次都没有了，还参加什么呢？我当时就拒绝了这一提议。不过，放下电话的我也有些惴惴不安：虽说不是十年磨一剑，但这毕竟是孩子们小学生涯中唯一一次用鼓和号的方式展示自己的风采，或许有的孩子是第一次，也是最后一次敲起鼓，我这样做是不是太武断了。“要不要再考虑一下……”我决定把这参赛权交给孩子们去定夺。

第二天朝会课，我把这次鼓号比赛的呈现方式给孩子们讲了个通透，孩子们听得出奇的认真。“你们要不要参加这次的表演？”“要参加。”出乎我的意料，全班异口同声，铿锵有力。“这次表演没有观众，我们班也不会有名次的哟。”我怕孩子们没有听明白，再次强调了表演的结局，以免临到头来后悔。“参加。”“重在参与。”孩子们掷地有声，连平时锱铢必较的几个小不点都点头了，我还有什么可说的呢？

两天之后，五年级鼓号队比赛如期进行，全校师生齐聚操场，共享这一“二次入队”的盛会，唯独我们班缺席了。不，我们没有缺席，我们在教室里静静地听着，心却早已飞到了操场。等到全校师生都回到了教室，我们出发了。在体育委员的指挥下，大家迈着整齐的步伐进入了场地，端鼓、拿镲……队员们起势整齐、姿势规范，跟随指挥节奏，有力敲鼓，整齐吹号。孩子们用清脆的鼓点、欢快的号角奏出了班级的最强音，学校的最强音。此时此刻，校园里，走廊上，其他班的学生越聚越多，凭栏眺望。音毕，校园上空响起了热烈的掌声。和煦的阳光映照在孩子们的脸上是那样柔美，个个脸上洋溢着灿烂的笑容，如果不是还站在比赛场地，我相信孩子们都要欢呼雀跃起来，彼此之间来个热烈的拥抱。或许缺兵少将的我们早已失去了竞争力，但这并不妨碍大家用自己的行动诠释了自己是优秀的鼓号手。

是啊，成功的喜悦固然诱人，沿途风景也一样迷人。“醉过知酒浓，爱过知情重”。只有在“过”了之后，才会知道当时究竟有多美好，才会知道自己真正体验过什么，谢谢孩子们给我上的这生动一课。

几千年前，一群丢失了快乐的青年找到苏格拉底，希望圣人帮助他们找到快乐。苏格拉底却只是让他们去冒险。一路上，他们流了很多汗水，但是当苏格拉底再次问他们是否快乐时，他们都笑着说：“我很快乐。”所以，快乐不在于收到多少鲜花，得到多少掌声，赢得多少夸赞。快乐，其实很简单。它只与你的心有关。做人做事简单点，快乐就来了。

抹不去的回忆

马　燕

盛夏始，入伏至，学期结束，又仿佛一切都会重来。收拾整理东西准备搬办公室，不经意之间看到个许久未触碰的文件袋，光碟、照片、纸片、本子……时间的闸门一下子被打开，这些是多久以前的东西啦！只能感叹岁月流逝得太快，太匆忙，美好的时光总是稍纵即逝，只有看到它们，抚摸着它们才会想起原来我们经历过什么。

随手拿起那本早已褪色却还平整的本子，脑海里不停思索着，这是个什么本子？为什么会留着它？绿色封面画着小白兔的写话本，记忆中这样的本子已经很久没有用过了，“尤宇昊”“二·二班”，天哪！一个虎头虎脑的小男孩就这样猝不及防出现在我脑海中，瘦高个，沉稳甚至还有些不苟言笑，那是我2005年教的那批学生了，至今已有14年的光景，他的本子怎么会让我保留至今呢？百思不得其解的我迫不及待地翻开本子，这是我们二年级时用来写小练笔的，第一篇是《银杏树》，嗯，得了95分，字迹工整，行文流畅，还真不错呢。接下去的《集体舞比赛》也不禁让我回忆起了当时的情景，他们穿着朝鲜族服装，表演扇子舞，获得了特等奖，一张张模糊的脸在文章里逐渐变得清晰起来，“山诣简”“张译之”“唐芸芸”一个个远去的名字也仿佛逐渐回来了，突然间，真感谢自己留下了这样的一个本子。继续翻看下去，《快乐》的题目一下子引起了我的好奇，在小孩子的脑瓜里，到底什么是真正的快乐呢？“盼望已久的队会活动终于到来了”开篇的叙述也一下子把我的记忆拉了回去。记得那时他们刚上二年级，学校要参加武侯区的队会比赛，重担落在了刚满7岁的这群孩子身上。队会是孩子们展示的舞台，从主持到节目，不知道排练了多少个日子，付出了多少的努力，“功夫不负有心人”，我们班终于以最小的年龄参赛，取得了最好的成绩。

尤宇昊，当时的中队长，正是此次队会的主持人，他用稚嫩的语言记叙着活动的经过。等等，咦，后面怎么会有家长的字迹呢？“记得那天晚上，马老师给我打电话表扬昊昊时，我刚从位于青羊区的办公室回家，身体很疲惫，但心却怦然激动起来，竟不知该说什么好。孩子的每一个进步牵动着父母的心，可在那一刻给我的感觉是老师就像孩子的父母一样，时时刻刻关心着孩子。已是晚上九点过，还为孩子的事和我们电话联系。我的心里真是惭愧，因为昊昊的进步和表现，我这个当妈妈的竟然没有发现。如果没有老师们无微不至的关怀，我想昊昊真的不会有这么大的进步。衷心感谢你们，辛勤的、可亲的老师。”猛然间，我仿佛看到那个小大人般的孩子拿着笔，仰着头看着我，“老师，等等，你说的这几点好重要，我记下来，免得忘记。”他认真地说着。7岁的孩子作为一个活动的主持人要做些什么，该怎么去做，他的确是茫然的，看着他一笔一画地在本子上记录着，我好感动，感动他小小年纪态度严谨，感动他凡事尽力而为，感动着他的感动。因为这些感动，便于当晚给他妈妈打电话着实表扬了一番，毕竟他才7岁呀！没有想到，一个电话会让家长那么感慨！“这周确实太忙，没顾上昊昊，今天想了很多，感触很多，真的不知从何说起。当昊昊前天告诉我‘妈妈，幸好你给我报的龙小。’‘为什么？’‘我们老师太好了，马老师、刘老师还给我们举行唱歌比赛，我和几个同学就去唱了。’我看见了他眼中兴奋和得意的神情，心里很高兴，为自己当初的选择感到自豪。不仅仅是龙小的名气，更主要的是能遇上你们这样认真负责、关心爱护孩子的好老师。这样的良师益友。”

“做财务工作十几年了，养成了简单、干练的习惯，就当今天也是小练笔吧，啰啰嗦嗦，可这些真的是我的真实感受和想法。我想在目前应试教育的背景下，龙小真的有很多创新的理念和方法对孩子的成长非常有帮助。我相信，昊昊在龙小一定会健康成长！一定不会辜负老师们辛勤的劳动和殷切的期望！最无私的就是老师。再次真心谢谢各位老师。”读完尤宇昊妈妈的话，我掩卷沉思了好久，想想自己的同事们，谁不是这样为孩子们的进步抑或是退步快乐着，焦虑着呢？其实，从教快三十年了，听了无数这样的话，我们只是做了自己该做的本分而已呀！我想，将心比心，以人心换人心，也就不过如此吧！或许，我们无力改变什么，那就用我们的一颗真心去抚慰那一颗颗焦躁的心吧！或许，我们只是尽自己的微薄之力，那就让报以无限希望的家庭能够多一些曙光吧！更或许，我们所付出的仅仅是孩子成长道路上的一点点不足以书写的痕迹，那就给孩子们足够的笑容，让他们的童年能更灿烂一些吧！

她，让我甘甜入心

张朝静

“张老师，今天是妇女节，祝你节日快乐!”“张老师，教师节来了，节日快乐!”“张老师，国庆节来了，节日快乐!”……千万不要以为是许多孩子给我的祝福，不，几年来坚持每个节日打电话给我的都是她——可爱的“桐桐”。“桐桐”我们都这样亲切地称呼她——一个患有自闭症的小女孩。她的个头在同龄孩子中算高的，由于自理能力较弱，身上总是脏兮兮的，大大的眼睛是最吸引人的地方，时时闪着天真纯洁的光芒。她是我任教多年，第一次遇到的十分特殊的孩子。

记得刚入学的第一天开学典礼，孩子们排着整齐的队伍，这一天大概是他们最兴奋、最自豪的一天，大家都站得直直的，而其中的一个孩子却哭丧着脸到处找妈妈，仿佛一个两三岁刚上幼儿园的孩子。我心里不禁犯起了嘀咕：这孩子难道有问题。接下来的学习生活印证了我的疑问。课堂上，她经常会无缘无故地走出教室，有时甚至会为了一件芝麻绿豆般的小事在课堂上号啕大哭，全然不顾老师强调的课堂纪律，使课堂教学无法正常进行。课间也从不跟其他小朋友玩耍。看着她整天游离的状态，不禁产生“放弃她”的念头。可是放弃一个孩子，谈何容易。

自闭症虽然不能治疗，但可以改善。于是，我决定首先从低点做起，教会她自理。课堂上，只要她能安静地坐在座位上，我便给予鼓励和表扬，允许她在课堂上看自己喜欢的课外书，对于教学知识点先不急于做出要求。慢慢地，她能安静地坐在教室里，由 10 分钟到 20 分钟、30 分钟，现在她基本能整堂课 40 分钟都坐在自己的位置上了。除了课堂常规以外，我还帮助她学会处理一些生活问题，如想看别人的书，不能只知道大哭，要懂得去向小朋友借，说出自己心里的话，生气的时候要学会控制，多想想开心的事情……

诚然，桐桐是一个特殊的孩子，常常一连几天，见到你总说同一句话。记得有一个星期，我们刚刚学了人民币简单加减法的应用，其中有一个情节是，妈妈买一套衣服用了 65 元，给售货员阿姨 100 元，找回 35 元。桐桐每天看到我就重复这一个情节。也许，你会觉得非常可笑。可是，每次我总是耐心地听她把话说完，我想，她一定需要一个忠实的听众，否则，她怎么学会和他人交流呢？现在，桐桐她已逐渐学会了和他人交流，对老师和同学都很有爱心。每天清晨来到学校，她总是背着书包先来到办公室，扑到办公桌前，向我和班主任问好，把自己不开心的事告诉我们，虽然有时她仍语无伦次，但我们总是耐心听她说完，并给她鼓励，帮助她化解心中的苦闷。

每一个孩子都有自己的闪光点，桐桐也不例外。记得一年级时，语文老师将她领到办公室让她朗读刚学习的一篇课文，她竟然能一字不差流利地朗读出来，让我们在座的老师大吃一惊。原来她是一个如此聪慧的女孩！由于她喜欢看书，她的阅读量其实是非常大的。只是由于自闭症的缘故，她一直不善于倾听他人，包括老师课堂上讲的知识。所以，我们经常单独给她“开小灶”，手把手地教，一遍不行再来一遍，直到她学会为止（虽然她会忘得很快）。可喜的是，现在课堂上，有时她也积极举手回答问题，为了树立她的信心，我总会把机会留给她。有一次，我让她到黑板上板书竖式计算，她竟然做对了，对我来说，那真是一个惊喜，我不禁热泪盈眶，带动全班孩子为她鼓掌，她也高兴得手舞足蹈。

在我们爱的呵护下，桐桐顺利地小学毕业了，进入了初中的学习。不久后听说，她退学了。再后来，节日期间总能收到她的祝福。在电话中，她会告诉我她过得很好，已经在学习幼师的功课了。我都会告诉她，“很不错喔”。

想起她，我常常甘甜入心。

最美的气质

王熹微

课前预备铃声刚响过，一个身影冲进教室，“老师，老师，我们班的同学受伤了。”话音刚落，一个小女孩满脸泪水地站在门口，惊慌失措：“我和××撞着了……在厕所门口，她流血了……”说话声音有些颤抖，她的嘴唇在流血。

老师赶紧安顿班上的同学，牵着小女孩快步奔向学校保健室，一进门就看到另一个女孩，额头红了一大片。经过保健老师的仔细检查，她需要到医院进一步治疗。嘴唇流血的孩子急哭了，不停地拽着老师的手说：“老师，你先带她去看……”处理伤情是当务之急！孩子很快被送到了华西口腔医院，为了让伤口愈合得更快，医生建议缝针治疗。一听到“缝针”二字，小女孩惴惴不安，在场的老师也揪心。不满八岁的孩子要忍受针刺的疼痛，她那道美丽的柳叶眉上或许还会留下永久的痕迹，孩子的父母看见了该有多着急！老师紧紧地握着女孩的小手，孩子，要勇敢，老师陪你一起渡过难关！

孩子的母亲赶来了，小女孩一下扑进妈妈怀里，眼泪止不住地流。母亲爱抚着孩子的小脸，眼睛也红了，眉宇间滑过的是不安与焦急。治疗室突然变得格外安静，转瞬即逝的一分钟也被拉得很长很长。一个平静的声音终于响起：“妞妞，没关系，小朋友都是无意的，受伤了没关系……”这一声“没关系”如同寒潮之下的暖流，抚慰了孩子内心的惶恐，老师也如释重负。在突发事件面前，受伤孩子的父母表现出任何焦躁不安都是人之常情，这位母亲的一句“没关系”，是发自内心地理解教育，理解就能架起家校沟通的桥梁。随后，老师和家长从孩子断断续续的讲述中了解了事情经过：两个女孩，一个急于进洗手间，一个忙着出来，两个着急的孩子在门口迎面相遇，碰撞就此发生。小孩母亲温和地说：“你平时就爱疯跑，这次要吸取教训，太危险了。不仅你自己受伤，同学也因为你受伤了啊。”小女孩一边抹眼泪一边点头答应，离开医院时，小女孩执意要返校拿自己的书包，母亲支持孩子：“嗯，这点小伤不算什么，要勇敢。”

回校了，老师又忙不迭地关心嘴唇受伤的小女孩，经过保健室老师妥善处置，她的唇部裂口正在慢慢愈合。小女孩怯生生地问起同伴的情况，低着头自责：“我要是抬头看一下，就不会撞着她了，都怪我，缝针好痛……”此时此刻，任何的说教都是多余的，多么纯真善良的孩子，把所有的责任都划给了自己。多么可敬的父母，教会了她的孩子承担责任。

当得知受伤的学生双方家长在电话中相互体谅，彼此关心时，当看到两个小女孩手牵手坐在彩虹凳上聊天时，作为教育工作者的我倍感欣慰，这样的画面如此美好，又温暖人心。缤纷的校园生活，怎么可能避开孩子之间的磕磕碰碰？突发事件降临的一刹那，是用耿耿于怀的态度指责他人呢，还是用平和的心态审视自己、努力理解别人？这，对每一个人都是一次严肃的考验。孩子如何评价突发事件中的自己和他人，是他们成长路上的一堂必修课。学会宽容的孩子才能接纳别人，他日才会有容人之量。显然，这是一堂成功的课，这两个孩子也是受益者，双方家长用恰当的言行呵护了两颗纯洁的心灵，在孩子的幼小心田种下了一颗“善心”，相信在父母的言传身教之下，她俩也会逐渐拥有一颗宽容之心。

也许有人会反对这种看法，“好人有好报”的观点正在接受现实残酷的冲击。在生活中，宽容他人并非一定能带来最好的结局，有时事情的发展还会背道而驰，让自己委屈受苦。尽管如此，我们教育工作者依然愿意坚守它。法国文学大师雨果曾说，世界上最宽阔的是海洋，比海洋宽阔的是天空，比天空更宽阔的是人的胸怀。一切的美好都源于真挚和坦诚。宽容不是懦弱的表现，它是一种美德，是做人的风度和境界。宽容别人就是接纳不完美的自己，能用最真诚的笑容对待身边人、身边事，彼此尊重、彼此接纳，这是人生的一次升华！愿我们的每一个孩子都拥有“宽容接纳”这种最美的气质。

爱，最珍贵

李桂英

三月的晚风轻轻的，柔柔的，带着春草的清香飘到阳台上，步履是那样轻盈，就像妈妈那样轻轻地走到我身后，然后静静地坐在我的身边看我伏案工作。我喜欢这种被爱包围的感觉，喜欢在这静静的夜里靠着床头抱着一本小说聆听夜的声音。

刚翻了几页书，一张照片从书里掉下来了。我捡起一看，哦，这是一位家长在开学典礼上为孩子们照的一张集体合影。照片上孩子们造型各异，但笑容却是一样的甜。此时，我的耳边似乎都听到了他们银铃般的笑声。一切都是那么熟悉，那么亲切。端详着他们每一个人，一丝爱怜不禁涌上心头，白天发生的一幕幕又浮现在我眼前……

迎着甜甜的春风，可爱的孩子们簇拥着我走进教室，开始我们快乐的语文课学习。"孩子们，小刺猬在小亭子周围种下了鲜花，第二年的春天，小亭子周围开满了鲜花，蝴蝶在唱歌，蜜蜂在跳舞。多么漂亮的小亭子啊。小刺猬留下了最珍贵的纪念。在你的生活中有没有留下什么纪念呢?"我用期待的目光望着他们，等待着他们带给我一个个惊喜。一两分钟后，一双双小手刷刷地举起来了。

"我六岁生日的时候，爷爷送给我一本很好看的书，这是一份纪念。"

"我戴红领巾那天，妈妈来学校给我拍了好多照片，妈妈说这些照片是我加入少先队的纪念。"

"我和妈妈去海南，我买了好多贝壳带回成都，准备把他们作为纪念品送给小朋友们。"

孩子们一个个兴奋地回忆着，不停地说着，一张张小脸上满是幸福和快乐。唯独辰辰静悄悄地坐着。辰辰是一个性格活泼的孩子，以往这个时候他早就兴致勃勃地和大家说着。可今天怎么一言不发呢？而且脸上还一副若有所思的样子，似乎有什么心事。我轻轻走到他的身旁，摸摸他的小脑袋，说："辰辰，你给大家说说吧！”辰辰站起来，说：“过年的时候，妈妈从法国回来了。爸爸、妈妈带我去了上海、北京的博物馆，我们玩得很高兴。”说着说着，孩子的眼圈红了，他停了停，强忍住就要夺眶而出的眼泪，微微一笑说：“我觉得和爸爸、妈妈在一起最开心，最幸福。这对于我们家来说是最珍贵的纪念。”教室里静极了，没有一个孩子说话，我也被这种氛围感染着，鼻子酸酸的，一时竟不知说什么。过了会，我拍拍辰辰的肩膀，示意他坐下。然后走到讲台前，深吸一口气说：“是啊，我们和自己的亲人生活在一起是最幸福，最快乐的，所以我们要爱自己的爸爸、妈妈，感谢他们给我们的爱，给我们温暖的家。”孩子们专注地望着我，认真地听着，那一刻爱在我们的心底流淌；那一刻，我为他们美丽的心灵，纯真的情感深深地感动了。

下课后我的心情一直没有平静下来。一直以来，我们都觉得这些孩子像可爱的小鸟一样快乐——优越的生活环境，各种各样的玩具，最好的教育。可是我们很多人都忽略了，孩子们最想得到的是爱——老师的关心，同伴的友谊，亲人的呵护……特别是父母的爱，血浓于水，父母与孩子间的爱是最直接，最重要的。父爱是天空，给孩子以坚强，支撑着孩子的世界；母爱是大地，给孩子以爱心，抚育着孩子的成长。孩子的成长不能没有大地慈爱的抚育，也不能没有天空坚强的支撑。

六岁的辰辰，爸爸工作忙，平时难得陪陪他；妈妈远在法国，一年只有短短的两个假期里他才可以在妈妈怀里撒娇。他能不想妈妈吗？能不渴望与爸爸妈妈朝夕相处吗？想到这些，我立刻来到教室，把辰辰悄悄叫到操场上，我们在一棵高大的银杏树下坐下。

“辰辰，是不是想妈妈了？”我把他轻轻揽到怀里，爱怜地说。孩子点点头。

辰辰告诉我，每个周末妈妈都要给他打电话的。今天是星期五，晚上他又可以和妈妈通电话了。

“对啊，妈妈也想他的乖儿子。妈妈平时那么忙都还记得给你打电话，你看，她多爱你呀！等她在法国学业结束，就可以回国了。到时候，你就可以天天和妈妈在一起了，多好。”辰辰点点头，情绪好多了，还告诉我他现在已经会给妈妈发电子邮件了，上个周末还和妈妈互发了邮件。

等辰辰走后，我拨通了辰辰爸爸的电话，接下来我把课堂上发生的那一幕讲给孩子的爸爸听。

辰辰爸爸静静地听着，直到我说完这件事，才满含愧意地说：“李老师，最近我在上海出差，一个星期没见着孩子，谢谢你告诉我这些。这个周末我就从上海回来，到时我一定好好陪陪他。”

挂断电话，一抬头发现一缕阳光不知什么时候照到了操场上。暖暖的阳光在操场上跳跃，嫩嫩的树叶上、鲜艳的花瓣上、滚动的水珠上、孩子们小小的酒窝里都有她美丽的身影。校园里刹那间亮了许多，也热闹了许多。

啊，有阳光的日子真好。

爱生活吧，我们的生活永远充满阳光的味道；爱孩子吧，我们世界永远充满孩子们快乐的笑声。

爱，最珍贵。

一缕阳光

余文兰

新学期刚开始，我接到了一个任务——筹备学校美术馆毕业展，作为毕业学子献给母校的礼物。我希望孩子们留下一些能够回忆、值得纪念的作品。思索良久之后，我把大方向定为：线描淡彩手绘龙小。

整个创作过程进行得有条不紊，毕业年级的孩子们乖巧懂事、活泼机灵，总能够从校园的各个角落入手，截取小画面，展现母校留给自己印象最深的一面。他们可爱的影子时时萦绕在我的脑海里，特别是一位小个子女孩，给我留下了特别深刻的印象。

记得刚上他们班的课时，她就不大爱说话，性格孤僻，不敢回答问题。一节美术课上，我告诉孩子们可以用线描淡彩手绘校园的方式，为母校送出最珍贵的礼物。话音刚落，大伙儿齐声喝彩，激动不已，仿佛这是他们期待已久的活动似的，我把任务布置给大家：自己下来选取学校一景入画。接下来的一节美术课，我详细讲授了线描的方法、选材的切入点、色彩的搭配以及绘画的注意事项，剩下的时间将交给孩子们自主创作。全班孩子几乎都拿起了画笔，拿出了准备好的资料，有很多同学不仅仅是选取了一景，而是选取了很多个景，大家都抓紧时间认真作画，生怕落后了一秒，唯独她静静地趴在桌子上，呆呆地咬着笔杆，迟迟下不了笔。我问她为什么不画？她什么也不说，只是摇摇头。我轻轻地拍了拍她的肩膀，示意她不用害怕，她这才慢慢地吐出几个字：“我画不好。”我又拍了拍她的肩膀，说：“画画很有趣，你大胆画，余老师帮你修改，我们一起努力一定能画好。”于是，她勉强进行了第一次的尝试。接下来的几节课，我又发现她经常不带美术用具，上课从不举手发言，作业时有拖欠。我知道这是不自信的表现！想要彻底改变她，必须帮她树立自信心，因为自信是促进健全人格形成的必备条件。于是，在美术课上，我极力关注她，一发现她的些许进步马上及时鼓励她、表扬她。经过一学期的观察，我偶尔看到她的脸上露出一丝羞涩的笑容，我仿佛看到了一缕阳光。一天，她悄悄地走近我，低声对我说：“余老师，今天我带来很多漂亮的彩色画纸，您这节课要教我们画什么呢？”我感到一阵惊喜，他终于从一个沉默的女孩变得主动开口找老师说话了，这是多么可喜的一步！我问她：“你喜欢上美术课吗？”她点点头。我鼓励她：“只要你有兴趣，就肯定能学得很好的。”这节课中，我注意观察她，她画得多么认真呀！的确，兴趣是学习美术的基本动力之一，这种兴趣转化成持久的情感，将帮助学生终身受益。

这位小女孩的行动已经证明了她能行，从她的变化中，我看到了希望，我坚信，每个学生都是小天使，他们都具有学习美术的潜在能力，都能在他们不同的潜质发展上获得不同程度的进步。送走了一个学期，准备迎来充满希望的新学期，我祝福可爱的孩子们能每天进步一点点，成为独立、自信、优秀的好学生，也成为健康、阳光、奋进的自己。

锦江春色映眼帘　龙小晨练入画图

唐月悦

每个学期，每个行课日早晨的 7：50 分，你都会看到，风景如画古树参天的锦江河畔，龙小的老师和孩子们已经沐浴着朝阳，生龙活虎地开始晨训了，放眼望去好生热闹：篮球腾挪、足球穿梭、田径竞速、花样跳绳的柔美弧线、健美操队员那优美跳跃的身姿……八支训练队的运动形式呈现出迥然相异、截然不同的美，既给静静流淌的锦江注入生命奔腾的欢声笑语，又为龙小的孩子们带来强健的体魄和健全的人格。

可能有人会问，龙江路小学这生龙活虎、生机勃勃的晨练活动是怎么来的呢？坚持了多久呢？那就请听我给你讲讲这背后的故事：

事情要从 16 年前说起。16 年前，因为府南河改造工程带来的市政设施改造，学校周边的游泳池没有了，作为将游泳当作传统项目的龙江路小学没有了训练场地。怎么办呢？这道难题摆在了我们龙小人的面前，经过科学分析孩子们的兴趣、学校现有的场地设施和师资，大家制定了占领篮球项目制高点的新目标。不仅抓好课堂这块主阵地，还提出了“晨训锻炼正当时”的实施路径，即：利用每天早晨 7：50—8：30，安排一节篮球晨训课，在推广普及篮球运动的同时，对基础条件好的学生进行针对性训练，龙小的晨训由此从无到有。

果然，功夫不负有心人，次年我校的男篮女篮均冲出区域，在市上拿到了一等奖的骄人战绩。梦想的实现让龙小师生的士气大受鼓舞，更让醉心于体育教育的这帮人，不止步于“从无到有”，他们要“三生万物”，于是，陆陆续续推出了排球晨训、乒乓球晨训、田径晨训、健美操晨训、花样跳绳晨训、足球晨训……

就这样，我们龙小的晨训慢慢地从丰富多彩的形式，向孩子们喜闻乐见的活动内涵一步步拓展开来。概括起来讲就是 9 个字：“微训练、周展示、月竞赛”，即坚持每天早晨对学生进行体能、技能上的训练；一周一次训练项目轮流展示汇报，满足学生运动心理的兴趣需求；每月有一项体育班级竞赛，让参加晨训的队员以点带面，发挥体育骨干的带头作用，让更多的学生加入晨训，感受体育的快乐。

光阴荏苒，日月如梭，时间的年轮来到了2014年，学校面向全体家长开展了“锻炼习惯”的问卷调查，其中有一个问题是“你的孩子锻炼的主要场所在哪里”，98.7%的家长选择了学校，我们深感责任巨大，可当时学校生均体育运动场馆面积仅2.2平方米，如何在小场地做大体育，如何在有限的时空中深入开展体育运动，提升学生体质？

学校在深思熟虑之后，决定对晨训“升级换代”，核心就是聚力“四构建”的晨训整体提升改革：一是建立趣味科学的训练体系，依据主教材设计内容和学生体质情况，精心组织，让学生玩中练、练中玩，运用多种手段满足学生求变、求新的心理，实现体能和技能的发展，同时有计划有步骤地在晨训中完成技能、战术训练，提高对抗能力或发展学生的力量素质。二是建立竞技交流的赛事平台，晨训以人为本，以满足学生健身的需求导向，以晨训为基点，撬动班级赛，年级赛，区域赛的大格局，同时善用师生之长，巧妙组团合作，发展出更多像班级篮球赛与班级啦啦操队的组合模式，互相搭台，让更多的学生参加到体育的运动中来，让校园的活力处处开花。三是建立全面覆盖的组织网络，让晨训的每一支队伍形成一个小运动大体育的组织，都建立微信群、QQ群，晨训安排都提前在群里进行播报。同时，课后回家的锻炼，老师也及时在群里进行技术指导，与家长联动，让体育从课内延伸到课外，从校园走向校外。由个人运动带动亲子锻炼，让单一的时空叠加多元时空的功效，发挥体育多元的功能。四是建立普及提升的训练梯队，晨训倡导学生在体育老师的正确引导下，自己成长，享有自信与成功，不是让教师拉着学生成长，充分发挥学生主体功能，针对学生情感体验和技术水平，教师因材施教，尊重个性发展，分层分类训练。

“三更灯火五更鸡，正是男儿用功时”，中华民族的古训，时隔千年仍然作为我们的行动指南，龙小在晨训中培养孩子们力争上游，在乐学尚美中提升孩子们的素质。

将美丽进行到底……

邹　兰

2005年至2019年，人生又一个十五年，一路上，每一段经历就是我们迈出的脚步，一步一个脚印，踏实、艰辛、简单、快乐。

成长蜕变

2005年9月，又是一个美丽的开学季，怀着如同金秋阳光般灿烂的心情，我来到了锦河边上的龙江路小学。在这里，我将继续与那12平方米的地毯结缘，继续与孩子们一起沉浸在体育艺术的美好里。一路这么想着，眉眼里都是喜悦与激动。

“到了龙小以后学校实行的是长短课时制，艺术类课程每节课只有35分钟。在体育艺术健身这块儿，你是非常优秀的专业人才，又从事过十三年幼儿体操教学工作，相信可以把健身操这门龙小的特色校本课程开展得有声有色。”分管人事工作的校领导介绍并鼓励着我。

“长短课时制”，多么新鲜的说法。“我应该怎样把原来几个小时的上课内容，合理的安排成35分钟呢?”我暗暗想着，并愉快地开始了自己在小学阶段的健身操教学。

很快，第一次展示课来了。虽然对自己的专业很有信心，但毕竟面对的是小学生，是校本课程，没有教材可参照，只能凭自己多年的教学经验来呈现，心里还是相当忐忑。经过充分准备，在孩子们的配合下，这节课总算顺利地完成。课后请老师们给我评课，大家一致好评，让我心里有些安慰。忽然，耳边传来一句：“这，不就像健身房跳操嘛。”一位老师无意间说道。还真是听者有意，心瞬间一凉，一直洋溢的微笑僵在了脸上。“我不仅会健美操，我的专业还有体操、艺术体操、健美操，都还没有给大家展示出来，今天的课堂只是一个开始，以后会有时间证明给你们看的。”运动员的那股子“要强”劲随之就涌了上来。

我独自坐在健身房的地上，心慢慢静下来，其实那位老师的意见应该接受。确实，一节课短短35分钟，所教的也不再是以前天天都会训练的幼儿们，而是一班一班想法各异的同学，怎样才能把健美操专业技能很好地融入体育教育教学的课堂，使它真正成为一堂适合孩子们的大众健身操课，而不仅仅是健美操呢？这之后，我开始多看多学多思考与体育、艺术教育教学相关的教材，时常走进短课时艺术教学方面很成功的老师的课堂，“依葫芦画瓢”地在自己的课堂上践行，“一课一得”放慢速度，降低难度，精讲精练。终于，孩子们渐渐对健身操课程有了兴趣，还时不时和我聊聊课堂的感受……我也根据孩子们对每一次课的反映，不断修改教案，让孩子们喜欢上校本的健身操课，学得更加快乐。也让我几乎深入骨髓的竞技思维，逐步转变为为学生的乐学而乐教。在课堂中，我所注重传递的不再仅限于健身操技能，而更多的是对运动的热情和参与运动时的积极态度。

六年后，又是开学季，我接到一项特别任务——为“愉快教育研讨会”的名校校长和专家们展示一堂我校的特色课本课程——“健身操”课。2011年10月，学校将迎来“愉快教育研讨会”，来自全国七个城市7所“愉快教育”名校校长及教育专家们齐聚龙小，相互交流。研讨会一步步升级，得到省市级领导的关注，我的心里感到了巨大的压力，甚至有些喘不过气来。但同时，能参与到其中，我又感到荣幸与骄傲。虽然上过很多次接待课，记得在担任幼儿体操教师期间，曾经接待过全空军的幼儿教师培训，承担了一次教学展示课；但在小学课堂像这样高规格的接待还是首次。在课程的设计上，分管主任给了我很多的建议；刘巍老师给了我很大的帮助与支持，甚至放弃了“西博会”放假一天的时间到学校与我一起加班，把教案中的每句话、每个字都反复推敲；组上的老师们一遍遍听我试讲，帮我改课……为了打磨好这堂课我们花了很多心思，下了很多功夫。教案一遍一遍改，吃饭时想着，刷碗时念着，开车时背着，教案随时都会从脑子里蹦出来，甚至上下班路上都在都不停地在念叨，在比画，旁人对我投来“奇异”的眼光才让我感到了我的“失态”，只有用一个“傻笑”回应他们……

有时越是想做好的时候，越会遇到意想不到的事情。可能是压力太大，在正式上课的前两天，突然觉得脖子有些僵硬，于是赶紧联系到专业运动队队医进行治疗，治疗后虽然缓解了许多，但我自己知道没有解决“根本问题”，始终还是隐隐作痛，只有期待慢慢好起来。让人紧张又激动的时刻终于到来。一切准备就绪，清早一起来又是突然一阵剧烈的疼痛，脖子居然动不了了！

我着急地哭了起来："怎么办嘛，今天还要上课，我现在脖子动不了了，怎么办啊?"

"妈妈，要稳起哈，相信你可以的。"年仅12岁同样热爱运动的儿子学着我平时鼓励他的语气，安慰道。在家人的帮助下联系好了医生赶到医院，医生边治疗边安慰我说："不着急，保证不会耽误你下午的展示。"就医回来的路上还接到主任的电话，让我注意安全。医生真的是"神手"，那天下午的展示课非常顺利，一切 ok！整堂课效果特别好，孩子们也很兴奋，达成了我们本次课的目标——愉快课堂、愉快教育！课后，分管主任对我说的第一句话让我现在想起来都依然激动："兰儿，你现在是专业与教学通吃了。"我欣慰，没有给龙小丢脸。这次研讨会的接待课，让我再次学习了、成长了，同时体会到了团队合作的重要。

跨越了第一次展示课，接下来又连续承担了：2015年6月四川省教学改革创新联盟（小学）筹备大会暨成都市龙江路小学第十二届教学节"轻器械健身操"，同样得到了音乐组张蓉老师和刘巍老师的协助做课。

2017年5月成都市"内涵特色发展　聚焦课程课堂"系列活动暨武侯区小学"乐学　善学　活学"课程改革现场会"轻器械健身操——队形编排"，得到了与会专家和老师，家长们的肯定和不错的评价。

在同事的帮助和家人的鼓励下，怀着对体育艺术教育的热爱和运动员不服输的劲头，我终于由曾经的专业运动员到幼儿体操教练，又一步步成长为得到大家认可和喜爱的体育艺术专业特色教师！六年前，眉眼里的那些喜悦与激动，如今变得更为真切。

"健"与"美"共同提升

满心的雀跃，一如往常，我哼着歌儿，几乎是蹦蹦跳跳地走向健身房……"邹妈，我们班那些男生又没带练功鞋。"班里的乖乖女半道上拦下我，一脸的郁闷和怨气。

"哪些人哟，知道为什么吗?"我边问边和孩子们走进练功房。果然那些个小男孩又开始"反弹"，穿着便鞋。"为啥不带练功鞋?"我直接问道。"对不起，邹老师，我们忘了，下次一定带。"既然这样说，那就原谅你们这次吧。上课时，上节课才稍有进步的男生又开始没精神，爱动不动的样子。我心中的那份雀跃也早已飞走，好歹半个小时过去了。下课时，我把几个男孩留下来，几经询问，他们才吐出真言："邹妈，健身操不是女生跳的嘛，我们不喜欢跳这个……”原来这般啊，“好吧，不喜欢也不能扰乱课堂，不能打扰别的同学学习，知道吗?”安慰几句后，孩子们离开了。我又陷入了沉思……我特别关注和喜爱艺术题材的影视作品。正好，那段时间我迷上了美国的一部电影《舞动人生》，讲述的是一群热爱舞蹈的学生，展示各自的跳舞特长。这次与孩子们的交流，让我突然有了“灵感”，可以让男孩子感受学习街舞啊。他们应该喜欢吧？于是，利用课间休息在健身房开始慢慢学习街舞的套路，很巧的是在课间休息时一些孩子来到练功房，一场街舞表演让孩子们赞叹不已，“邹妈，原来你会街舞，教教我们嘛。”由此，健身操课堂有了改变，街舞、拉丁健身操、啦啦操等，根据不同年龄段学生的整体水平分阶段地进行教学，从以前的跟学跟跳，到后来让学生自己创编、展示，我的课成了孩子们的期待。而且孩子们还在我校组织的“班级篮球”比赛中，组建了“啦啦队”为各自的班级加油，把课堂所学的技能带入了比赛场。这样的转变不仅在常规课堂中，也在我们的校健美操训练队里，由此愿意学习健身操的孩子越来越多，当然，我的“恶”名也越传越广。

有一位学生之前因为自己没信心，训练坚持得不好，在学校评定“新三好”的时候一直没有机会。通过我和家长的交流和鼓励后，训练中多关注、关心她，她如同变了一个人，主动请同学监督、请老师帮助，终于有机会参与到比赛中，收获了自信，用自己的行动赢得了大家的赞扬，在四年级下期评为“新三好”。

清晨，宁静的校园，一群校队健美操队的孩子们已经在跑道上进行晨跑。今天的她们如同刚刚醒来，魂还在梦里，慢慢悠悠地走在跑道上。忽然，一个眼尖的孩子抬头看到站在二楼的我一脸严肃，顿时清醒过来，加快脚步开始奔跑，其他的孩子也回过神来，加入跑步的行列。跑完后走到了偌大的练功房里，我一眼便看出少了一个孩子。“怎么还差一个人?”这时，一个五年级的女生气喘吁吁地跑进来，“邹老师，对不起，我迟到了。”“早晨的时间很宝贵，你浪费的是自己的时间。”话虽简单，语气却很严厉。说完各自快速地进入训练模式，孩子们都开始了认真地练习。训练是循序渐进的，技术难度也随着项目的不同逐渐加大。我们校队现在不仅仅有健身操、啦啦操，还增加了技术难度较大的艺术体操的训练。一次，艺术体操器械里有个抛彩带的技术动作，有个孩子越着急越失败，我边示范边对她说：“不要着急，用心领会带棍的出手力量和路线，落地的瞬间手臂下摆，手腕儿用力拉带，让带棍反弹回来。”我用心地说着，这个孩子没有信心的玩着手里的彩带，一副心不在焉的样子。“你理解了吗?”我厉声吼到，接着又手把手地讲解并教她动作技术。终于，这个孩子能接到带棍了。我不由得鼓起掌来，孩子们也在反复的失败中体会了成功后的喜悦。

可是，一场表演，一次比赛，要准备的远不止上百次的动作练习，背后的工作：有器械、服装、化妆、音乐、编排，等等。表演前一天，回到家里，总觉得事先准备的头饰不够满意，于是拉着家人开着车在外面转了一圈又一圈，终于在一家小店里发现了理想的头饰，回到家已经深夜了……

第二天一早，我们来到比赛场馆，就开始忙碌地为孩子们换装、梳头、化妆。有的孩子兴奋地蹦进蹦出，有的还“臭美”地不停抢着瞄镜子，有的孩子第一次穿比赛服，既兴奋又害羞不停地整理上衣，想挡住小肚皮……一切准备就绪，该上场啦！这时，走在队伍最后的一个小女孩回过身来抱住我：“邹妈，我好紧张！”“平时的训练，你是练得最认真最刻苦的，邹妈相信你，加油！”一个大大的拥抱，一句真心的鼓励，小女孩终于坚定地走上舞台。在明快的音乐中，孩子们尽情地挥洒，漂亮的动作赢得了全场热烈的掌声。此刻，身后的观众席传来了七嘴八舌的声音：“这是哪个学校的队伍，真不错，你看看一个个身材多好，动作也漂亮，编排的很新颖，他们好自信啊。”我听在耳里，喜在心里，龙小的孩子就是不一样。在得知成绩的那一刻，大小伙伴们紧紧拥抱在一起，曾经假装的严厉，曾经流过的汗与泪，初次拉伸时的龇牙咧嘴……全都浮现在眼前。正是这样的经历，让参加比赛的孩子们明白：努力、坚持就可以做到原以为做不到的事情。

“乍现”彩虹

让我记忆最深刻的大赛有两次。2016 年初收到了国家体育总局体操管理中心发出的邀请函：9 月 20—25 日“青岛 2016 第五届‘亚洲大众体操节’暨第五届全国全民健身操舞大赛总决赛”，看到赛事邀请函有些激动，随之而来的是——压力！学校领导非常支持，也给了我很多鼓励和信心，那就冲出盆地走向全国去展示我们的风采吧，加油！

每一次荣誉的背后都是辛勤汗水的付出，8 月中旬是成都天气最闷热的时候，我们提前召集了参赛的学生返校，开始了艰苦的训练……直到开学也没有停下，因为学习训练都不能耽误，所以我们只能付出更多的时间和辛苦。

就连中秋节我们都没有停下休息，我们一起度过了一个有意义的中秋节，孩子们在热血沸腾的训练间隙，分享了美味的月饼，因为这么多人一起吃味道不一样！不到一个月的训练，我们克服一切困难，努力做好自己，这就是团队协作，体育精神，一直坚持到 9 月 20 日我们临行前半小时。

在赛前准备会上，杨校长和所有分管领导亲自参与。给孩子们打气、减压，给参赛方案提建议。直到出发的 9 月 20 日，黄校长还在临行前，专门登上大巴，给孩子们鼓劲儿。正因为大家的密切关注、关心，才给了老师们、孩子们在比赛中的巨大的勇气和力量。我们整装出发，9 月 20 日到了青岛，这几天的睡眠都只有 4 个小时左右，到了这里是如此的忙碌，与疲劳作战，连看手机、微信的时间都没有，一天脑壳都是‘方’的，要准备的、操心的事情太多，到比赛进行时，又像打了鸡血。“青岛 2016 第五届‘亚洲大众体操节’暨第五届全国全民健身操舞大赛总决赛”连续三天的高强度赛事，终于在 9 月 23 日完美收官。

借用家长代表发言时说的一句话：没有征程，哪有征服，她们征服了评委，征服了一同竞争的对手，夺得了《有氧健身操二级轻器械》二等奖、《有氧健身操二级轻器械》一等奖、《有氧健身操四级徒手操》一等奖、《自编器械健身操舞》特等奖（第一名）。

这次全国比赛的经历，给我增添了信心，也令我沉淀下来思考。我们的健身运动之路不仅仅在一个领域发展了，作为有专业特长教师的我，应该将我所学技能尽可能传授给更多喜欢和热爱健身操的孩子们，使她们在体育艺术特长的路上走得更远。于是，思考着在课堂外的艺术教学项目中提高难度，挖掘龙小娃娃们的技能，展示孩子们的更多美丽，拓展更大的舞台。

于是，机会来了，2018 年 3 月，收到了“国际艺术集体操联合会（IFAGG）、成都体育学院（IFAGG 成员）”主办的首届 2018“亚洲及太平洋杯”国际艺术集体操比赛暨“中国杯”艺术集体操公开赛规程。这是一个高规格的赛事，有句话“一切机会在等待有准备的人！”我抱着一丝忐忑向分管领导汇报了自己的想法和表达了参赛愿望，校领导又一次给予了大力支持。

项目的不同，风格的改变，但美的传递是一样的。在经过了近两个月的刻苦训练、耐心指导、精心编排，小美女们个个星光闪耀，展现了美丽与自信。5 月 4—6 日两天的比赛一个不小心就把孩子们的眼光和赛事拉高了一个平台，让孩子们感受到了与国际接轨的赛事标准，相信这次比赛她们锻炼了、体会了、成长了，付出必定有回报。

彩虹看似“乍现”，其实如陈酒早已酝酿多时。自信满满的春蕾星光熠熠，成都市龙江路小学艺术体操“Spring Buds”和“Star light”队在决赛中美丽绽放，分别获得第一名（8—10 岁组）、第二名（10—12 岁组）的优异成绩。在场的所有人都记住了：成都市龙江路小学，一群美丽优美的孩子们！

“特长”凸显

让我最难忘和最有成就感的是学生的一次“艺术特长生”招生考试。2019年6月的小升初“艺术特长生”招生要求陆续出台，孩子们都在积极地准备着。其中龙小艺术体操队一个身材条件特别好的女孩儿准备报考名校的舞蹈班。在临近考试前一周，孩子的家长突然来电话：“邹老师，太着急了，太焦虑了！豆豆准备考试的舞蹈突然出现状况……看你是否方便在这样紧急的情况下重新编排一下舞蹈考试动作？如果没考上也没关系，我们总要再努力一下，那么多年你最了解她，我们信任你。”天呐！这是什么情况？什么时间？这么重要的考试，现在重新编排！家长啊，谢谢你对我的信任啊！虽然我从教三十年，有多年体育艺术创编经验，但从来没有在这个时间节点，为学生的舞蹈考试进行过创编。在专业人士来看这就是不可能完成的任务啊!!! 怎么办？家长话已出口，我瞬间思考纠结：豆豆的身体条件确实很好，我也确实很了解自己学生的特点，在这个关键时刻被舞蹈卡住上不了理象的学校，太可惜了。冷静下来，这个艰巨的任务，我可以接受这样的挑战吗？思考一个晚上，体育精神那股子迎难而上的冲劲儿突然冒起来了，最后决定：接受这个挑战！

我做事的态度：既然选择了，就尽力做到最好！于是，把压力抛开与时间赛跑，紧接着就开始选择音乐，思考风格，创作动作……脑子又开始停不下来了……直到两天辛苦的编排完成，我们才都松了一口气，接着就是细节的调整和修改。

辛苦的排练在倒数的日子里经历着、煎熬着……豆豆是个坚强的孩子，她克服了强化训练给身体带来的疲劳酸痛，带着磨破皮的脚和腰伤疼痛，自信地奔赴考场……在近百人的激烈比拼中，漂亮地完成了两套舞蹈考试动作，最后以第三名的好成绩考入自己梦寐以求的初中！张榜那天的激动心情，只有亲身经历过的孩子、家长和老师才会懂！

这次跨界挑战，感动了家长，成就了孩子，突破了自我。值得回味，值得拥有！当看到一张张奖状，一则则喜讯，一份份感言……经历艰辛后的成功与成就感会更可贵，一如风雨之后的天空更美。

精神传承

心中有爱，酸甜苦辣皆幸福；彼此信任，嬉笑怒骂成教育。一句话似乎可以概括这些年的点点滴滴。对孩子们的严厉，为孩子们的付出，其实他们全都看在眼里，记在心里：

“虽然很累，但是我明白，只有付出，才有收获。我最想感谢两位老师，他们不仅要帮助我们把节目排好，还要完成很多其他工作。在这样的情况下，老师们仍然每天带着我们一个动作一个动作地练习……”

“我懂得做任何事情都要坚持，我在训练中长大了。”

“邹老师教学很严厉，但我知道这就是那深沉的爱……”

“因为有了邹老师的爱，我才会在一天又一天的训练中进步。”

“你这样尽职尽责，十年如一日的精神，深深地影响了我……牺牲了无数的休息时间，你也不抱怨，还一直叮嘱我们回家要记得泡热水澡来缓解肌肉的反应。到了表演的关键时刻，稚嫩的我却发挥失常，原本以为会迎来一顿臭骂，但你却没有说什么，还微笑着摸摸我的头说：‘回家好好休息。’我顿时呆住了，真不知如何是好。哦，原来幸福就是一种很简单的感觉……”

“看着女儿的成长，更体会着老师的付出，感受着学校教育的真谛。‘龙娃娃们’在这样的环境中快乐健康成长，成就了孩子们快乐童年的精彩。”

……

每每看到孩子们和家长们写下的文字或者发来的微信，心中都感动万分，原来一切的辛苦、可以一切的努力都是有意义的；原来特色课程不仅仅可以教给孩子们体育艺术技能，还可以传递爱、快乐、自信，带来更多成长的机会。一路走来，在这一方舞台上和孩子共同成长，在“健身操”校本课程的建设上行走着，思考着，收获着，快乐着，追寻着，只为那份对美的追求……

十五年，经历着成长，收获着忽见彩虹的乍喜，将体育精神在课堂、训练中传承。台前幕后，工作生活，我在其间不时扮演着不同的角色，却享受着作为教育者一样的幸福，而这一切，皆因与那 12 平方米地毯结的缘，这条路我还将继续美好地走下去，让更多的孩子从中受益，体会运动带给他们的快乐与自信，努力做最好的自己，将美丽进行到底……

我和我的孩子们

余怡葶

那是 2009 年 5 月的一天，阳光明媚，即将大学毕业的我踏进了成都市龙江路小学的大门。学校门口有一棵又粗又壮的大树，枝叶随着春风，迎着暖阳肆意舞动着，树上的鸟儿像是洞察了我的心思似的大声地欢叫着。我深知，从踏进校门的那一刻起，我就是一名教师了，这个童年就开始萌芽的梦想终于实现了，未来的日子我将会和无数纯真可爱的孩子们一起度过，我的教育故事就这样拉开了帷幕……

女汉子和弱女子

在一个微凉的秋日，我迎来了一群如天使般的可人儿。圆圆是我最先注意到的那一个，刚进学校那几天，圆圆几乎天天站在门口哭，小小的肩膀因为过于伤心而不断地抽动着。我总是会上前抱着她，轻轻地告诉她："别怕，在学校，老师和同学都会很爱你!"渐渐地，圆圆像"复活"了一般，在学校找到了她的乐趣。一下课，她使箭一般冲出教室，和班上几个男孩子在操场上奔跑、打闹，活脱脱的一个"女汉子"。偶尔几个男生合起伙来欺负她，她打不过，又会像个"弱女子"般哭好久。据她妈妈说，圆圆的忍痛力超强，好几次腿都被同桌给掐青了，也没有吭过一声。

就这样一个和男孩子混在一起风风火火的圆圆，在课堂上的表现却是差强人意。圆圆的注意力集中的时间不长，经常在课堂上走神、发呆，请她起来回答问题的答案也是风马牛不相及。这当然会影响她的学习成绩，几乎每次测试她都是班上的"小尾巴"。一年级的时候，圆圆的家长好像并没有意识到问题，多次交流下来效果也不大。

在一次和圆圆的聊天中，我才得知原来圆圆一直跟着奶奶。我记得圆圆当时轻声对我说："我放学跟着奶奶回奶奶家。"

“那爸爸妈妈什么时候接你呢?”

“我晚上跟着奶奶睡，爸爸一个家，妈妈一个家。”说完，圆圆本来望着我的眼睛看向了别处，眼眶湿湿的，让我禁不住心酸起来。

“我反正都已经习惯了。”她好像在对我说，又好像在喃喃自语。

从那以后，我对圆圆的关心更多了一层。我发现，圆圆其实是个很健谈的孩子，她会和我聊她的妈妈，谈她的妹妹，也能和我说说自己在学习和生活中的快乐和难过。大致了解了圆圆的情况，我便开始和圆圆的妈妈交流，我明确地告诉妈妈：“在低段的学习中，家长对孩子学习的辅导十分重要，希望妈妈能尽可能地抽时间关心圆圆的生活，辅导圆圆的学习。”妈妈反复和我强调自己平时工作很忙，还有个小妹妹要照顾，所以难免会忽略圆圆，有时甚至是完全顾不上她。听到这里，我有些生气。难道忙就是我们忽略孩子正当的理由?难道为了挣钱我们就可以放弃孩子，不管不顾?在这个世界上，谁不是又要工作又要顾家?作为公司职员，工作兢兢业业是本分；作为孩子的母亲，照顾孩子的生活，关心孩子的学习，帮助孩子的成长，这也是本分。打着忙碌的旗号而忽略孩子的父母有没有设身处地为孩子想过，他将留给孩子一个怎样的回忆和童年?我有些激动地向圆圆妈妈指出：“如果现在你再不管管孩子，她一定会是班上的尾巴，学习的落后会导致人际交往的恶性循环，最终她在群体中也将找不到自信，成为‘双差生’!”

也许是被我所说的吓到了，也许是发现了问题的严重性，抑或是真正明白了对孩子的亏欠，不知道从什么时候开始，圆圆记事本上、作业的检查签字都是妈妈的笔迹，一问，才知道是妈妈开始负责圆圆的学习了。有了妈妈的圆圆好像变了个人似的，上课虽然注意力仍有不集中的时候，但她却可以适时地控制自己，有时还会主动举手回答问题。不管答案是否正确，我总是会大声地鼓励她：“圆圆真棒，敢主动举手回答问题啦！相信你会一次比一次更棒!”听完我的表扬，圆圆的眼睛总是亮亮的，像镶着两颗闪耀的钻石。而我们班的小朋友更是会以热烈的掌声向她表示祝贺。

为了能够更好地帮助圆圆的学习，我将班上成绩优异，同时乐于助人的徐同学安排和圆圆一起坐，希望借助徐同学在课堂上的积极表现和学习上的优异成绩来更好地带动圆圆。果然，我常常会看到徐同学积极地给圆圆讲解生字可以怎样写得更漂亮，词语应该怎样读，怎样造句，等等，而圆圆也真像个学生似的认真听着，或点头，或微笑。

可是，圆圆的基础太差，光靠家长、老师和同学的外部帮助并不能彻底地解决她学习成绩差的问题，我必须想到一个办法，激发她学习的自我驱动力，使她能够爱上学习，享受学习给她带来的乐趣。对于圆圆来说，目前的学习成绩较差，这使得她在一定程度上对自己没有信心，那么我该如何让她相信自己的学习成绩是可以像别人一样优秀呢？我首先想到的是每一个单元的听写检测，圆圆的听写其实错的都是拼音，生字的掌握大部分是没有问题，既然这样，我可不可以让圆圆在听写的时候和其他同学不一样，先不写拼音，将大力气花在写对字词上，回家再对照书中的拼音将其写正确？

当我将这个想法告诉圆圆的时候，圆圆并没有反对，只是轻轻地“哦”了一声，我也不知道我的这个想法实施下去是否能够有效，但我想，我这样的做法无疑是在“因材施教”——这条几千年前老祖宗留下的教学准则应该是不会有错的。圆圆果然没有让我失望，第一次听写成绩不但得到满分，而且书写既工整又漂亮，真是让我喜出望外。

这样的成绩无疑大大鼓励了圆圆，也激励了我自己。我开始继续探寻适合圆圆学习的一些方法。我在课堂上尽量创造条件，让圆圆回答一些略简单，她能答上的问题，主要目的在于启发她积极思考，主动地投入到学习中来。而面对课堂作业时，我不再是对所有的学生一把尺子，类似于圆圆这样学习较落后的孩子，我会在征得他们的同意后，适当地降低作业难度。就这样实施一段时间后，圆圆的学习效果明显进步，不仅课堂上积极活跃起来，连我总头疼的学习成绩也明显提升。有一次，她笑着问我：“余老师，我是不是进步很多啊？”我也笑着摸着她的脸说：“是啊，你的进步太大了，这都是你努力付出的结果！”圆圆羞涩地笑了。

那一刻，我又想起来了刚进小学时站在教室门外哭鼻子的她。当一个家庭将一个孩子送到我手上时，它送上的何止是一个孩子，是一个家庭所有的希望和未来！我何其有幸，见证这么多孩子的稚嫩与成长，经历这么多家庭的光荣与梦想。这是一种幸福，更是一种责任！我不敢懈怠，唯愿竭尽我所能，只为一个微笑，一点进步，一片心安。

受伤的小吉

那天，小吉又受伤了。体育课上，一个平时挺乖的女孩子不知道从哪里找到一块小石子，就那么随意一扔，便砸中了小吉的后脑勺。我给小吉妈妈打电话，妈妈听了这个消息非常地生气，语气严厉地问我：“怎么每次受伤的都是我们家小吉？是大家觉得他好欺负吗？是不是他成绩不好，小朋友和老师故意排挤他？”言语间，我听出了小吉妈妈强烈的不满。

的确，小吉从一年级开始，不管是行为习惯还是学习成绩都不如人意，基本也都属于班上的小尾巴。课堂上，小吉最爱做的事不是听讲和回答问题，而是拿出铅笔或其他任何一件文具，模拟动画中打仗的样子，就那么乐此不疲地玩下去。不管是老师课堂上的温馨提示还是课下到办公室的单独帮助，对他来说，都只是过眼云烟，转眼就忘得一干二净。我曾多次和家长谈到过小吉课堂上注意力不集中、玩文具这件事，但好像都没有一个最终的结果，孩子的问题就像走进了一个死胡同，始终得不到解决。

其实也难怪妈妈这么生气，就在这次受伤前不久，小吉才在玩耍的过程中被班上另一名男孩子挖伤了。自己的心肝宝贝学习成绩不满意，习惯养成不如意，甚至在和同学相处的过程中还多次受伤，妈妈内心肯定是伤心和受挫的。我尽我所能地向妈妈解释同学和老师对小吉的关心和爱护，但我知道，妈妈心中的疑虑和担忧并没有消失。

小吉身上也有很多的优点。他的课外阅读量很大，而且能言善辩、乐于分享。小吉的性格温和敦厚，和同学之间从未发生过大的争执，一些小小的摩擦也总是在他的忍让或退步中得到解决，可以说，小吉的身上没有一点大多数孩子的那种自私和骄纵。不仅如此，小吉非常热情，他乐于为老师服务，喜欢帮助小朋友，只要是交给他的任务，根本不用担心完成的质量。可是就是这样一个优点颇多的小吉，却有着自己深深的自卑，他曾对妈妈说过：“我学习成绩不好，小朋友和老师应该不会喜欢我的。”听到一个年仅八岁的孩子这样说，我的心里真是难过极了。我该怎么让小吉相信自己呢？

转眼就到了二年级下学期，每年开学初的重头戏就是改选队委。在我们班，队委都是由孩子自己提交申请，最后全班投票选出的。小吉出乎我意料地提交了申请，更让人没有想到的是小吉居然当选为劳动委员，这是多么值得欣喜的一件事！

任职的第一天，小吉还有些茫然，完全不知道“官”该怎样当。我把他和另一名劳动委员叫到跟前，耐心地向他们讲解劳动委员应尽的职责。

从那以后，每节课课间我都能看到小吉热心地为班级做清洁、打扫卫生的身影，放学后，他主动留下来关窗户、锁门，俨然是一位班级小管家，小朋友也为他的付出啧啧称赞，而小吉似乎也在这样的岗位上找到了自信，脸上的笑容也多了起来。

我决定趁热打铁，以此来鼓励小吉在学习上取得进步。

“小吉，最近一段时间为班级和同学服务，感觉怎么样？”

“我觉得很好啊！”小吉边说边露出了他甜甜的酒窝。

“可是我有点担心……”小吉没有说话，呆呆地望着我。

“队委肯定是小朋友学习的对象，你工作认真负责，使得班级的卫生情况上了一个新的台阶，这当然值得大家向你学习。可是……”

“……”

“你知道老师在担心什么吗？”

“我知道。”小吉慢慢地低下了头。

“那我们可不可以一步步来，先从书写开始表明你的态度，让小朋友看到你更多的进步？”

“好啊！”只见小吉眼睛一亮，声音也随之提高。

谈话就这么愉快地结束了，奇迹也在点点滴滴中慢慢发生着……

每一次作业，我看到的不再是挤在一块、龙飞凤舞的草书，而是一笔一画认认真真书写的汉字，虽然这汉字仍然谈不上漂亮，甚至离工整都还有一定的差距，可相比之前，我真正能感受到小吉努力想要改变自己的决心。

课堂上，虽然小吉仍然会拿出文具玩一玩，可次数和时间都在持续下降，更多的时候，我看到的是他专注听讲的眼神和积极高举的小手。

班级美化评比时，小吉将自己家中最好的多肉植物和装饰品带到班级，装点教室，他大声地对小朋友们说：“余老师说过，教室是我们的家，我们每个人都应该爱它。”

还有那一次，班上的两个孩子因为一些小事正在争吵，他上前劝阻道：“别吵了，我们都是一个家的兄弟姐妹，这些事都是小事，没什么大不了的。”多么质朴的语言，多么动听的话语，我几乎是在那一瞬间拥抱住了他，在那一刻起，我深深地爱上了这个不断给自己创造奇迹的孩子。是的，每一次进步都是小吉自己创造的奇迹，就像那天他拿着一张自己从未考上过的 90 分的试卷对我说的那样：“余老师，原来努力真的会有回报！”

亲爱的孩子，努力当然会有回报，坚持下去吧，更多的美好还等待着你，老师相信你会创造更多属于你的奇迹。

偷来的爱

如果不是那天发生的一件事，我怎么也不会把偷东西这样的行为和小丫联系到一起。

那天体育课后，妍妍一脸泪痕地找到我，说自己刚买的五支“钻石”笔不见了，只剩下一支孤零零地躺在抽屉里。我看了看她口中的“钻石”笔，其实就是孩子们常使用的水性彩色笔，但因为笔盖上镶了一颗亮闪闪的“钻石”而显得特别漂亮。

记得从一年级起我就在班上给孩子们说过这样一句话：“诚实比得一百分更重要。”谁想到几支漂亮的水性笔就让孩子蒙蔽了双眼啊。事情很快就调查清楚了，可结果却让我大吃一惊。通常情况下，我本能地以为偷拿别人东西的孩子应该是班上那些调皮捣蛋、惹是生非的学困生，没想到却是她——书写漂亮、成绩优异的小丫。不过，帮助小丫认识到自己的错误，并告知家长这件事后，我并没有过多地把它放在心上，因为我知道，不断地强化这件事，只会给小丫带来更多的负面影响。谁知过了一个学期，这样的行为又发生在了小丫的身上，我渐渐感觉到了事情的严重，而和她妈妈再一次联系后，我才知道，原来小丫不仅在学校，甚至在自己家里或是亲戚家，都有类似的偷盗行为。听到这里，我决定请妈妈到学校来当面交流。

尼尔在《夏山学校》这样说：“孩子的偷盗行为有两种：正常孩子的偷窃和病态孩子的偷窃。第一类孩子假如在爱里长大，经过一段时间他就会度过这段偷窃时期，而长大成为一个诚实的人。而第二类孩子的偷窃多半是因为没有爱，他的偷窃行为是想得到一个贵重东西的象征，他的‘潜在愿望’是偷到爱。”

我几乎已经可以断定小丫的行为属于第二种了，因为我曾在她妈妈口中得知她有个能干的姐姐，不管是学习还是工作都是全家人的骄傲。而家里人把小丫当成儿子来养，在她身上寄予了很大的希望，我也曾经看到小丫脸上有被妈妈打的青青的印子，这些信息难道不是在告诉我：小丫从内心中觉得自己不如姐姐，觉得家长不够爱她，希望用“偷”这样的方式来获得父母的爱？我没有想到书中的例子就这么活生生地出现到了我的面前，我更为这样一个弱小的孩子却长期生活在焦灼和不安中而感到痛心。

我必须要为她做点什么。我明确地告诉小丫的父母：“你们对小丫严格的要求已经屏蔽了她对你们的爱的感知，如果我们还不能让爱去拥抱小丫，这个孩子也许就毁了。”

我和小丫父母一起制定了许多关爱小丫的计划，包括不再批评指责她，改为用爱的语言来表扬她；不再将她和姐姐做比较，发现她的闪光点；周末带小丫出去郊游，享受亲子时光。我想，如果这些计划都能实现的话，我们一定能逐渐给孩子建立起情感上的安定感，使她获得真正的快乐。

不过，要想真正改掉小丫身上病态性的偷窃行为，光靠我和父母的力量远远不够。我并不是专业的心理咨询师，我无法确定我对小丫的解读是否正确，我还可以做的是向小丫父母建议，带小丫去专门的心理咨询师处做治疗，根治她的坏习惯。

再次看到小丫的妈妈是二年级下期开学后不久，她偷偷地跑过来问我："余老师，你觉得小丫现在怎么样?"被她这样一问，我才发现，是啊，开学以来的小丫好像真的变了一个人：每天都笑嘻嘻的，好像有着数不完的开心事；课堂上，一双亮亮的眼睛总是紧紧地盯着我，像是在思考问题，也像是在不断储存所学的知识；最明显的是她和同学之间的相处，以前那个一天到晚戚戚然的小丫不见了，她不再斤斤计较，不再一惊一乍，更不再会因为一点小事就郁郁寡欢了。

我欣喜地向妈妈点点头："小丫变了，变得快乐，变得阳光啦。"

"真的!"妈妈的眼中闪过一道光芒，"余老师，我觉得在家里的小丫也变快乐了。我们去看过心理医生了。真的太感谢你了，如果不是你，这孩子不知道会是什么样!"

听着小丫妈妈的话，强烈的幸福感再次遍布我的全身，其实，做老师的我们要求得很简单，孩子的进步和成长就是最大的鼓励，就是我们不断前进的动力!

做老师很辛苦，每一天太阳还没有升起，就已经奔波在了上班的路上。生病了，也不敢随意请假，因为一走，就留下了几十个孩子。但，做老师也很幸福，孩子们一双双清亮的眼睛能映出人内心的柔软，融化疲惫和劳累；孩子们一声声甜甜的"老师好"更是能激发内心的潜力，将一切抛诸脑后，只为他们的成长。每一天，我和孩子的故事都在继续，幸福和奇迹也在继续……

磨砺，成就了破茧成蝶的美丽

赵　薇

“乐学乐教、悦人悦己”，这是跨入龙江路小学参与新教师培训课上的第一句誓言。它时刻在我耳边萦绕，给坚守中的我增添力量，给困境中的我指明方向：兢兢业业、勤勤恳恳、默默奉献、立德树人，这不正是师者应尽之道吗?十二年，在龙小走过的每一段路程都值得纪念，都有深入内心的感动。我想，“融入节奏、体会磨砺、破茧成蝶、不忘初心”这四个词恰能代表我十二年成长的心路历程。

融入节奏

2007 年的秋天，有三年幼儿园工作经验的我幸运地被龙小录用。初进龙小，我的内心是惶恐的，忐忑的，但办公室的老师们一句句温暖的鼓励让我坚强地走过了在龙小的每一天，他们的优秀让我意识到这个学校的高标准，他们的优秀也让我有了努力前行的动力。大约花了一学期，我跟上了学校的步伐，适应了——“龙小节奏”，或许真的只有龙小人才能体会这四个字的意义，从清晨到傍晚，你会在龙小校园的各个角落看到我亲爱的同事们嘴里谈论着，手里不停地做着，路上不停地小跑着，那都是关于教学、关于育人的事。“龙小节奏”会让每位老师憋着一股子劲儿，头也不回地往前走；“龙小节奏”会让每位老师见面互相鼓励：“龙小节奏”会让每位老师心往一处走、劲往一处使。“龙小节奏”不会让你随随便便在路边驻足停留太久，它会带你一路欣赏风景，一路高歌前行。在龙小，你会迷上“龙小节奏”，痛并快乐着！

体会磨砺

龙小的磨课，可以用两个字来概括——震撼！进校的第二年，迎来了音乐组的赛课任务，作为一个小辈，我看着前辈们为组上一名要参赛的老师磨课，每位老师参与，分析教材、制作道具、说课评课，老师们都把这堂课当成自己的赛课般重视，我作为一个新人，提不出太多的意见，只能认真聆听学习！我好羡慕那位要参赛的老师，他是何其幸运！在这个过程中，我龙小老师对教学的严谨和对专业的执着让我从心底里佩服。

十年。一剑！这一剑，我等了十年！2017 年的秋天，在前辈老师的鼓励下，我主动争取到了参加赛课的资格。多少个日日夜夜，音乐组的全体老师和学校的领导们陪着我分析教材，理清思路，我准备好教学设计后，不断试讲，组上所有的老师们听课；我的每一句话、每一个教授环节，听课老师都要做详细的记录，并提出本节课的不足及修改建议，我根据听课老师的建议重新备课、改课件、准备课堂所需的道具，优化后再次授课，反反复复数十次，大家几乎每晚加班，累并快乐着，每一次课我取得的小小进步大家都会欣喜不已。赛课的历程像一面镜子，让我看到很多教学中的不足，也获取了改进、提升的方法和路径，它让我在专业技术上快速成长。

比赛结束后，当得知获得成都市一等奖的时候，我自己都忍不住欢呼起来，领导和同事们都送来了最美的祝福。那是我第一次感受到成功来的这样不易，这么让人刻骨铭心。是啊，就像歌里唱的一样：“把握生命里的每一分钟，全力以赴我们心中的梦。不经历风雨怎么见彩虹，没有人能随随便便成功！”现在，回想起来，已经没有了当时的那一份激动，更多的是对那一段时光的怀念！感谢龙小，感谢与我共同成长的龙小人！

破茧成蝶

这两年，我幸运地成了几位年轻老师的指导教师，如同当年我的师父带我那样，我竭尽所能指导她们，我想，这就是一种传承吧，感恩于学校对我的这一信任，同时也享受于龙小给予我的这份责任。今年，指导音乐组杨老师赛课，当我回顾这段时光时发现自己居然听了杨老师不下 40 遍的先行课，她的每一个环节设计、每一句教学语言、每一个表情、每一个道具使用……都是我们无数个日日夜夜不断分析琢磨、不断调整的心血。最终，杨老师不负众望，取得了优异的成绩。不禁让我想起上次自己参加赛课的经历，有那么多的相似又有着许多的不同。我想，这份相似一定是相似于同样的年轻、同样的朝气、同样的精神、同样的付出、同样的磨砺、同样的激动……而这份不同，是这次我虽没有站上领奖台却感受到的另一种欣慰，使我也许已不再年轻但依然享受这一过程，更为特别的是我突然深切地感受到了一种“传承”带来的幸福感……

不忘初心

我和龙小走过了十二年的时光，从一个初出茅庐的愣头青，到现在已过而立之年。爱上龙小，不仅仅因为初识的温暖，也不仅仅因为“龙小节奏”带我前行，还因为在龙小有着我喜欢的朋友和师长，他们都是我学习的榜样。人说优秀是可以传染的，我希望一直被他们感染。

回首！感慨无数，龙小，太多的人和景值得我们感谢与眷恋，不忘初心、方得始终；展望！未来可期，龙小，更多的责任和使命值得我们担当与承载，长风破浪、春暖花开。

尊重和关爱每个学生，使学生在快乐中成长

周　苹

热爱学生，尊重学生，作为师德的基本要求已被每一个教师所认可。但在具体的实践中，受“师道尊严”思想的影响，师生相互感受不到尊重。我国著名教育家陶行知曾说过：“教师首先要尊重学生。”陶行知先生把尊重当成打开教育成功之门的钥匙，实在是不无道理的。对待学生应该宽容、真诚、友善、严格、信任、关心等。但我认为最重要的还是尊重。尊重学生人格，尊重学生个性，尊重学生差异。

我们学校一（1）班有个非常好动的小男孩叫胡珺楠，刚进学校没两天，立马就让所有的科任老师熟悉了他：上课大大咧咧，想说话张嘴就说，想下座位立马就下座位，这还不算，更重要的是他还经常欺负身边的同学，用脚踢，用头顶，用拳头打，老有同学告他的状。这些不仅让班主任头疼，也让科任老师焦虑，大家伙说到他啊，都直摇头。可在一次音乐课上，他让全班同学都对他有了和以往完全不同的评价。事情是这样的：《玩具兵进行曲》的音乐刚刚停止，一个孩子举手了：“老师，《玩具兵进行曲》这行字下面写的什么啊？”走上前一看，原来是“管弦乐”三个字。我有意想考考他们。“孩子们，刚才有个同学被几个字难住了，老师也被难住了，如果有同学认识这3个字的，就举起你们的右手，站起来大声地教大家伙一遍，当我们大家的小老师。”话音刚落，一个女孩举起了手：“第一个是管字。”另一个孩子不甘示弱急忙站起来：“最后一个是乐字，中间那个我不知道。”“中间那一个字谁会呢？”教室里鸦雀无声了，没有人举手，我环顾四周，孩子们都你看看我，我看看你，连班上公认的认字小能手周妙言也茫然地看着我，半晌，我心里猜想可能没有人认得这个字了。这时，早些时候一直左看右看开小差的胡珺楠在全班都很安静的时候举手了，说是举手，其实早站起来了，而且还捶得桌子“砰”的一声响，“弦”，他响亮地念了出来。我看了一下，就是这个堂堂课被老师点名批评，下课常常在办公室承认欺负小朋友过错的胡珺楠。小朋友们是公正的，还没有等

我开口说点什么，教室里已经整齐地响起了热烈的掌声，我走过去，看着他：这小家伙还若无其事的，手里还拽着一件什么小塑料玩具，头扭来扭去到处看，我猜，他可能还没有弄明白大家为什么鼓掌吧。我在他面前冲他竖起了大拇指：“你真了不起，胡珺楠，你是一・一班一个新的认字小专家，太棒了，请坐下。”胡珺楠不好意思地抓了抓头，小脸也红了。

人人都有追求完美、受人尊重和得到信任的需要。尊重是教育的前提。一个学生无论其家庭、学习、性格、思想等千差万别，你可以不喜欢他，你可以批评他，你可以严格要求他，但同时也必须尊重他。严格，一样可以用尊重、信任鼓励、期待的方式来表达。只有尊重才有平等，只有平等才有信任，有了信任，教师才可能深入学生的内心世界，准确把握学生的心理状态，才能与学生进行心灵的沟通，最终才能收到良好的教育教学效果。

编程，为孩子打开一扇心灵的窗户

梁洪琛

计算机技术发展带来的变化，不断影响着信息技术学科的改革与创新，从教学内容、学生发展水平、教学方式等多方面影响着信息学科的发展现状。作为一名信息学科老师，在过去十余年的教学生涯中，我一边摸爬滚打地探索着教育的规律，不断尝试新的教学方式，因时制宜地改进教学方法和提升自己的教育教学水平，并不断反思：哪些内容、哪些思想是我们学科教育教学中的本真，是我们应该要一直遵循的根本？我们的课堂要教会学生什么？

以下，我根据自己数年进行编程教学的经验，分享一些心得。

我的编程课程主要在社团课和小学中高段的常规课上开展。社团课的授课对象是二至五年级的孩子。学校从三年级才开设信息课，就读二年级的李嘉梁，连鼠标都握不稳，键盘操作也只会一指禅，更不用提编写程序了。他的语言表达困难，而且腼腆害羞，因此我常常对他“无从下手”，不知道他的困难，也不知道他的想法。然而他其实是一个内心丰富的孩子。

本着“孩子们都爱电脑游戏”这个特点，我在课堂上布置了一些简单的小游戏，比如教学案例“猫捉老鼠”。简单的抓捕游戏，像一把钥匙打开了他们想象力的盒子，他们尝试替换不同的角色和背景，改编成了“大鱼吃小鱼”“狮子抓小猫”等不同的游戏作品。通过游戏去激发这些内向，甚至木讷的孩子的学习动机，他们能兴趣盎然地参与教学的全过程，经过自己的思维活动和动手操作来获得知识。

有了兴趣，还要会基本的操作才行，课堂上，我先手把手教会他手握鼠标的正确方法，虽然鼠标仍然不时地从他手中滑走，或者左右键混淆，但是我从不催促他，由着他不断出错，由此总结经验，掌握鼠标的操作技巧。另外，在练习任务中，给他布置鼠标操作的程序作业，比如“飞机大战”“猫捉老鼠”等。

会操作后，怎么激发他自主创作呢？听他的妈妈说：嘉梁在其他课堂亦是如此的不善言辞，因为性格原因，常常受到调皮孩子的欺负，俨然是一个受气包。这样一个孩子，确实不讨喜。在自主创作改编的课堂环节，我一度以为他是不知道改什么内容，于是尝试主动给他提供改编思路，然后临下课时，我发现他的作业并没有如我预期的方式创作，而是按照自己的思路来做。接下来为了更好地帮助他，我让他用画画的方式，把自己的思路画在纸上，在知晓了他的整个改编思路后，我可以在技巧上指导他更加顺利地完成创作。因为有了“画一画”这一步，在课堂最后一个演说环节，嘉梁可以省去很多口头表达的部分，通过绘画及少量语言的解说，就能让其他人看懂他的作品。

如今的嘉梁，即将升入五年级，但他在课堂上依旧不爱举手发言，被抽到回答问题前，先是莞尔一笑，然后声音小小的看着我的眼睛说出答案，还是不爱主动和小朋友分享自己的作品，但是当老师把他的作品分享给大家的时候，他的自豪和喜悦由内而外地散发出来。

他的作品让我看到了他那天马行空的想象力。节日时，他发送来自己制作的编程小卡片作为礼物送给我，让我看到了一个善良、感恩的好少年。

有观点认为学习编程旨在让孩子通过编程工具掌握一定的编程技巧，锻炼其逻辑思维。我个人认为：在少儿阶段的编程学习，更是一种表达的方式。在学校学习生活中，孩子们学习写作，通过文字来表达。学习音乐、语言表演、英语，通过语言、语音、语调，表达情感态度、传递内容。学习形体，通过肢体语言，表达情感。而编程，也是在表达。在孩子语言储备还不足，肢体协调尚在发育的情况下，通过编程，孩子们可以表达自己的想法，展示自己对周围世界的认知和情感。而这些思维的火花，有些可能在脑海中稍纵即逝，但是，作为老师却可以很好地保护学生的想法，通过编程给孩子提供表达的平台，让那些不善于交流、不善于言辞的孩子，可以在编程的世界里获得自信。

花有千万种，人有各不同。并不是每一个孩子都要活泼开朗、大方健谈，尊重孩子本来的样子，每一个孩子的内心都是一个小世界，每一个孩子的背后都有一个故事。

作为老师，要善于发现孩子的创意，尊重并呵护这些来源于生活的真情实感，让编程作为表达的一种方式，为更多不善言辞的孩子打开一扇心灵的窗户。

比如我们班上还有一个孩子：王雪杨。一个英文很棒的孩子，有一个对他管教严格的爸爸，尽管如此，雪杨给我的印象一直是乐观阳光的。他的领悟力很好，常常能够举一反三，触类旁通。学期中偶尔组织孩子参加各级比赛，雪杨的编程作品虽然不是常常能得到很好的名次，但是并不妨碍我对他作品的赏识。虽然他的故事很多故事情节都很简单，内容也不多，但是总能透过作品看到他作为孩子的本真。比如他制作的“生日礼物”“龟兔赛跑”等。他的爸爸给我留言询问他的作业水平如何，他的作品是否过于肤浅。于我而言，我看到雪杨的创作题材丰富，并多是来源生活，当其他孩子可能千篇一律地模仿游戏时，雪杨的创作总让人眼前一亮，这都源于真实地反映自己身边的人和事。比如作品“生日礼物”，雪杨用游戏的方式制作了一个生日礼物送给妈妈，他用编程的方式表达了对妈妈的爱，而其中的游戏设计又让作品生动有趣。没有模仿，没有借鉴，真实地来自自己的生活，有感而发。这正是我们追求的目标——教会学生表达。

职业生涯中第一次被要求写教育格言时，我绞尽脑汁，在百度中输入“教育格言”，然后复制粘贴了第一段跳出来的文字：“教育就是一棵树摇动一棵树，一朵云推动一朵云，一个灵魂唤醒另一个灵魂。”从此，每每被要求写教育格言时，我都省事地把这段文字粘贴过去。多年后，我似乎渐渐明白了一点这话中的深意。如今，我尚且不敢妄自尊大地说自己有足以“摇动”另一棵树、“推动”另一朵云的力量。我的灵魂也在成长的路上，但我深深体会到，自己更愿意去做一个蹲在路边鼓掌的人，推开他们心灵的一扇窗户，做一个饶有兴趣地聆听者。

初探“三顾云”

刘　玥

在“互联网+”的大背景下，智能化浪潮席卷了我国许多的传统行业，而作为课堂教学，它具有资源丰富、受众主动、双方互动、方便快捷等优势，特别能有效地发挥品德教育综合性、开放性的特点，基于以上特点，我开始摸索应用“三顾云”平台，进行小学高段的“品德与社会”的教学。

首先，我在“三顾云”平台上通过“智慧教与学”的功能，把上课内容传到平台上，每位学生可以通过一个平板电脑参与在课堂上的知识问答。有些提问，还以学生抢答、抽答等多样方式进行，此应用调动了学生学习的积极性。老师将冗长而复杂的内容，整理制作成小而精，又容易被学生理解的小视频，不仅方便学生学习而且能调动学生学习的兴趣。最后应用了线上搜集资料的功能，打破了“问题—讲解（答）—结论”的封闭模式，更多地以启发、搜索信息、探究、质疑、自主学习、师生互动、生生互动等开放式教学为基本形式进行教学。借助“三顾云”平台上多样的互动方式及线上搜集资料等功能，打破常规教学认识的局限性，实现了课程的综合性、开放性。

我上课的内容是“走进非洲”，在“三顾云”平台上制作课程，首先登入用户名，点击“智慧教与学”模块。

在课程管理中点击“课程制作”，选择学科和教材，初步做好制作课程的

准备。

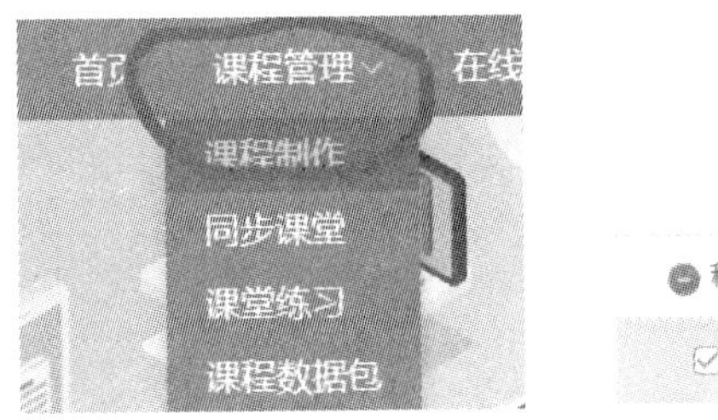

课前，对学生对于非洲的印象进行了调查，学生脑海中涌出的画面大致有这么几幅：荒芜的草原、无尽的沙漠，还有惊慌奔跑的羚羊和懒散伟岸的雄狮、骨瘦如柴的百姓、赤裸上身的原始部落居民……从中发现，学生对于非洲几乎都是极其穷苦的印象，而这仅仅是学生对于非洲的偏见。课前，我将学生对非洲的印象，分类并列数据，制作了饼状图，一目了然。

六年级三班调查结果（单位：%）

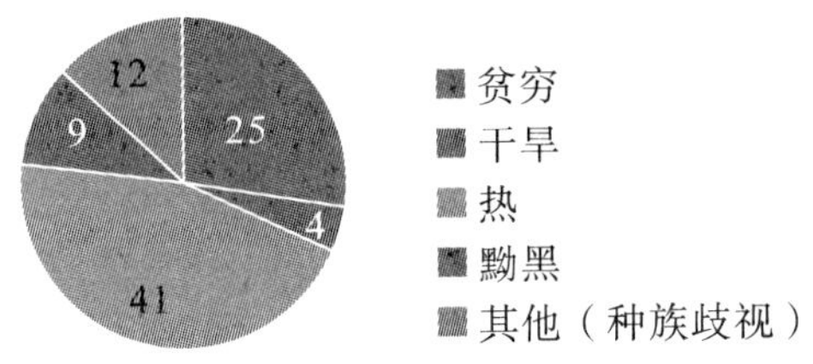

其实非洲除了穷苦，还有独具特色的民族风情，怎样能够反转学生的印象呢？基于“三顾云”平台能有效进行课堂参与互动的特点，爱玩游戏又是学生的天性，在设备能保障每位学生都有平板电脑的前提下，我创设了一个游戏活动，类似中央电视台的互动求证节目——“是真的吗”，使得学生人人参与问答，回答正确，则为自己加奖励星。课前需要在“三顾云”平台，制作“课堂练习”，进入“试题制作”，根据我的教学设计需要，制作相应的单选题，并给予答案选项。如下图：

同学的用平板电脑，通过扫描课程的二维码进入我的“三顾云”平台，参与关于非洲神奇的自然景观、目前的生活状况等问答题，积极思考，做出自己的选择，同时以多样的形式互动，发表自己的想法。而同学们的判断是否正确呢？课前老师搜集相关的资料，并整理编辑制作了视频，微课视频从地理知识入手，深入浅出地讲解了这个奇特的现象，使学生迅速了解到知识点；还介绍了非洲富有的国家及其资源矿产，非洲地域辽阔，各国之间生活水平存在差异，从而发现对非洲的“非常穷”的印象是个误区。孩子们听得津津有味，也学习了不少知识。站在启发学生思维的高度进行游戏的教学，让学生很好地理解到我们不是为了游戏而游戏，而是在游戏中启迪智慧，发展思维，让学生体会带着思考玩游戏应该是一种习惯。这个活动的创设，学生不仅知道了非洲有着不同地域的民族风情、自然景观和生活现状，而且还知道了为什么会有这样的现象。

前面老师组织的教学活动，仅仅是引发学生学习活动的“引子”，为了开阔学生的视野，课上利用互联网，继续以小组为单位，分工合作在网上搜索自己喜欢的非洲文化，并将搜集到的文字和图片进行整理、记录、投屏，小组成员图文并茂地进行汇报、互动，最终呈现多元的非洲文化。互联网给“品德与社会”课带来了新的活力，既提高了学生的学习兴趣，激发了学生情感，调动了学生学习主动性，培养了学生创新能力，提高学生的学习效率，又提高了教师的教学效果，促进了老师专业素养的发展，让教师的教学内容和教学手段更显丰富多彩、形式多样，提高了教育的效率，改善了教学环境，提高了教学质量。借助移动终端，整合互联网资源，让学生在形象化的操作平台上，凭借系统中线上答题功能和搜索功能，在有限的时间内，探索并发现非洲多方面的特色，打开其全新的视野。

最后学生通过课前、课后对于非洲多方面的了解，慢慢地对它的印象也产生了改变，学会用欣赏、尊重的眼光看待世界上每一个地方。接着老师展示了一组非洲元素的图片，配上非洲音乐，从视觉上给予学生刺激，使其得到震撼，更加激发了学生对非洲独特的文化和风景产生尊敬及欣赏的情感。

综上所述，本课借助“三顾云”平台，借助移动终端，采用师生、生生多样互动交流的方式，极大地激发学生的积极性，使其以一种轻松、愉快的心态投入学习中。而借助互联网，更是培养了学生自主学习的能力，提高整理和处理信息的能力，补充了大量的课内外知识，学生由以往的要我学习转变为我想学，我要学。

把爱注入心灵

顾新英

爱是心灵的呼唤，爱是生命的花朵，只有用爱去教育、关心和呵护学生，学生才能在爱中愉快成长。学校的愉快教育就是以爱为基础的教育，老师只有把爱注入学生的心灵，才能让他们懂得回报爱。爱，有时只需一句问候，一个拥抱……

作为一名班主任，我开展了家校的一种传统联系方式——家访，它是老师与家长、学生进行沟通的重要方式。班上有个男同学平时在校思维活跃，特别爱说话，但完成作业质量不高，书写也不好。每次做作业我只要走到他桌前都得提醒他两句，每次他都点点头，但事后仍然没什么改变。自从家访与他的家长交谈了解到他在家里的学习和生活情况后，这孩子在校的学习很快有了明显的进步。以前他不常交日记，而现在愿意写了，也经常把练的临摹字帖拿给我看。后来听家长反馈："自从老师到家里去过，孩子就觉得老师特别关心他，学习积极性一下子提高了，现在不叫他都能主动地做作业……"听到家长的一番话，我深有感触：看来让孩子感受到老师对他的爱在教育过程中是无比重要的啊！

通过这次家访取得的成效，我决定尝试用各种方式让学生感受到我对他们的爱。其中一个收效不错的方法就是——拥抱。每一期，甚至每一次与学生的分别，我都会送上自己的拥抱，与学生亲密接触。记得一年级，我第一次和他们拥抱时，每个孩子的脸上先是充满了好奇的表情，与我拥抱后则露出微笑。与一个孩子拥抱完后，其他孩子就一个个抢着要先和我拥抱。那时的我在伸出双手、付出师爱的同时，内心与孩子们一样激动与快乐。

记得那是二年级散学典礼快结束的时候，我提出了寒假的要求，正要说点什么时，一个声音打断我："顾老师，你还没给我们拥抱呢！"我听了莞尔一笑，孩子们总是最不会隐藏感情的，这不正是他们最可爱的地方吗？于是我接他的话说："顾老师正要告诉大家现在是我们拥抱告别的时候，可惜被你抢先说出来了。”听了这话，孩子们都笑了。拥抱后，孩子们脸上露出的是满足的表情。

三年级上期的期末，没有人再出声提醒我要和他们拥抱，但从他们那一双双充满期待的眼中，我看出他们仍然期待我与他们的拥抱。不过这一次，孩子们与我拥抱后，出现的是略带羞涩的满足表情。从伴随孩子成长过程的一个小小肢体动作——拥抱中，我深深体会到孩子们能感受到我对他们的爱。在我开展工作的过程中，有时已不用说话，只一个动作、一个眼神，孩子们就能明白我的意思，我与孩子有默契了。

小学二三年级的孩子会感受老师的爱，可他们会付出爱吗？遇到这样的问题我总会回答：只要孩子在校园中能愉快学习、生活，就是他们付出爱的表现，也是对老师最好的回报。可一次生病，让我改变了看法，孩子们让我感动的时候太多太多了。

一天，我生病了。早早到医院报到，可病人太多，我根本不可能在上班时间 8：10 分以前到校，于是我打了电话给学校请两节课的假。等我看完病来到学校时，正好该给学生上第二节课后的朝会课了，我推开门，刚向教室里迈进一步，只听孩子们大声叫起来：“顾老师回来了，顾老师回来了。”我微笑着刚要和他们打招呼，他们已经一个二个向我冲过来，团团把我抱住。我心想：难道我不在的这两节课里发生了什么惊天动地的大事？我正疑惑不解，旁边的数学老师帮我做了解答：“他们以为你没来学校是不教他们了，满校园乱跑着找你，有的甚至哭了。”我没有再推开他们，因为我一下子体会到这是孩子们对我浓浓的爱呀！我也紧紧地抱住他们，并对他们说：“没事了，没事了，顾老师只是有点不舒服，去看病了。现在不是好好地站在你们面前吗?”听了我这话，他们才笑了。多么可贵的拥抱啊！让我时至今日回想起来，身体似乎仍保留着当时的余温，让我的心也温暖起来。我给孩子们拥抱，是我对他们的爱；而孩子们给我的拥抱，则是他们对我的爱。爱是相互的。在拥抱中，孩子们会感受爱，同样也会付出他们的爱。

当我无意中问起学生对我给他们离别拥抱的看法时，他们是这样说的：“拥抱可以记住老师的爱和温暖，希望每到期末都能与老师拥抱。”“拥抱很有意思，可以感受老师与我们之间的情感，让我们经过一段时间的分别仍然不陌生。”……学生的话让我感动得无法言语。一个小小的拥抱，可以引发这么多真情实感的流露。是啊！只有蹲下来，与学生平等地交流，只要将爱注入心灵，师生之间必然能相互理解、信任、友爱、尊重。

师爱，通往学生心灵的门

肖燕云

时光如梭，岁月如歌。大学毕业转眼间已经是13年了，在与学生共同成长的历程中，那一个个鲜活的教育故事比比皆是。

我从事的体育教学区别于其他学科教学的显著特点是：在教学的全过程中，教与练习必须密切结合，教师与学生接触频繁，且须配合默契。因此师生感情是否融洽，就显得更加重要。要保证师生感情融洽，教师必须带着爱心去上课，并把这种感情体现在行动上。教师要带着爱心去上课，处处关心、爱护学生。在体育教学中，师生间建立融洽的情感是激发与培养学生体育兴趣的先决条件。实践证明：有些学生对体育课失去兴趣，是从对体育教师的不信任开始的。因此，体育教师应尊重学生人格，关心爱护学生，经常和他们一起参加活动。教师可以通过谈心、闲谈了解学生的个性特点、兴趣爱好及思想状况，有的放矢进行教育；还可以及时倾听学生对课的要求和看法，改进教学工作。

记得刚参加工作时，我在体育教学和训练工作中总是急功近利，对待学生简单粗暴，我以为把自己在体训队里教练所教的那套训练方法拿到学生中来就行了，我曾经大声呵斥过孩子，简单粗暴地对待学生，现在回想起来，我曾经的教育方式真的是可笑至极，我为自己曾经的教育方式而羞愧、自责。他们，毕竟是孩子，有孩子的天性。现在，我明白了：为什么自己苦口婆心，但孩子们却毫不领情；为什么孩子们上课总会调皮捣蛋，自己却毫无办法……其实，每个孩子内心都有一扇门，你只要找到进入孩子内心的那把钥匙和通道，奇迹就会发生。

2006年我大学毕业，刚在海口市参加工作的时候，碰到过一个所谓的“问题”学生，他叫符祥福，四年级，是个孤儿，生活在福利院。用别的老师的话来说，他孤僻古怪、调皮捣蛋、满口谎言，简直没救了。我刚接手他们班的体育课，就见识了他说谎的本事。一个节假日结束后返校上课，我问：“符祥福，你放假这几天怎么过的？”他回答：“爸爸带我去××岛（一个出名的海岛，忘记名字了）度假了，住大别墅一样的酒店。”我吃了一惊：“你爸爸啊?”他不屑地看我一眼：“你以为我没爸爸妈妈吗?他们有钱着呢，只是他们都和另外的人结婚了，没空管我。”事后我对其他同事进行了求证，没有的事，他爸妈从来没有出现过。这当然不是最后一次说谎，也不是最严重的说谎。慢慢地，他的其他毛病也显露了，上课从不听讲，想出教室去玩就去玩，上体育课从不集合，不听老师指挥，经常打架，把同学打伤几天不能来学校上课，女孩子头发被他一扯一大把。家长集体反映，班主任恩威并施没办法，大队部动之以情晓之以理他不理，德育处苦口婆心没效果，福利院那边也表示管不了，他软硬不吃。我是新教师，秉着一颗壮志雄心，打算改造他，几个星期后，我和其他教师一样，败下阵来，只希望他在我的课上惹的麻烦小一点。哪知峰回路转就在一瞬间，那是一节体育课，他对我循循善诱的安全教育表示了选择性的失聪，以一个高难度的倒挂金钩把自己吊在了两米高的树枝上，结果树枝突然掉落，他和树枝一起痛苦地滚到了地上，血即刻就从膝盖流到了脚背，他哀号不已。我吓坏了，冲过去把他架到医务室，后来又和班主任一起将他送到医院。除了擦伤之外，他还有一处严重的软组织挫伤，很长一段时间，上厕所都得要人背，他只能每天安安静静地坐在教室里。在这个过程中，我一直非常歉疚，不管怎样，他是在我的体育课上受伤的，我拿出所有的耐心和爱心，像照看自己的孩子一样照顾着他。早上送早餐，每节课间跑去问他要不要喝水，要不要上厕所，中午打了饭送到他的课桌上，将水果小块小块削好递到他手上，另外还送给他小车模型、小机器人、魔方、溜溜球。一个多月后，他脚伤好很多了，我也乐得偷偷懒，大大减少了看望他的次数。一天放学后，我写了很久的教案，准备回家，他突然出现在办公室门口，问我：“这么晚你怎么还没回去啊?”就一句话，我忽略掉他不恭的语气，简直受宠若惊了。此后的体育课，他虽然还是不太听话，但是有了明显的转变，再也不随便捣蛋了。临近期末，最后一节体育课上，我打趣他：“放假去哪儿玩啊?”他不好意思一笑：“就在福利院，哪儿都不去，好多事儿要做呢。以前我说出去度假，都是骗你的。”真话乍然一现，我突然有种想流泪的感觉。

“谁爱学生，学生就会爱他，只有用爱才能教育学生。”要善于接近学生，体贴和关心学生，和他们进行亲密的思想交流，让他们真正感受到教师对他的亲近和“爱”。没有爱就没有教育，爱是教育的生命，是教育的催化剂，是教育的核心。不管哪一学科的教育都离不开教师对学生的爱。

那几年青涩又难忘的教学生涯虽然已经过去了，我在攻读了研究生之后，立志要回到离家不远的城市继续从事教育事业，不知道以后还会有多少年能让我去奋斗？但是，不管怎样，每当想起曾经在海口市工作的那几年，每当想起那个叫符祥福的孩子，我的心中依然会升腾起曾经那份对教育事业的纯纯热爱。

每一粒种子都想绽放

戴德森

“叮铃铃”急促的电话铃声中，我按下接听键，耳边传来愉快而充满青春气息的男孩子声音“×老师好，我是×××，我考上大学了，您有空吗？想见见您。”。听着如好友之间的盛情邀请，顿感尴尬，因为我实在想不起是哪个小朋友了？一阵沉默过后，电话那头的孩子善解人意地说道：“×老师，我是××班的，你一定记得我！想想当年最让您头痛的那位。哈哈哈哈。”听着这肆无忌惮的笑声，脑子里顿时浮现了许多画面。

这是个特别的小朋友，整个小学阶段的确让人很头痛。记得那个时候他的成绩的确不怎么样，学习习惯也不是很好，他更是办公室的常客。虽然一直在关注这个孩子，但真正走近这个孩子的心却是在四年级。记得有一天，放学后，他又没有跟随大队伍出校门，悄悄地溜回教室里玩儿。面对这个“惯犯”我没有生气，而是很耐心地询问他不想回家的原因。从他闪烁的眼神中看出来他很犹豫要不要跟我讲，可能因为自己刚刚成为父亲的原因，我这次异常的耐心。犹豫很久后，他掀起了衣服的后背，我震惊地看着一道道青紫的痕迹，问他原因。这次他跟我谈了很多：他父母文化程度非常低，所以教育方式很单一，更多的是打骂。这个孩子本身很有独立意识，他并不认可甚至特别排斥父母的教育观点和方式，所以他与父母之间经常发生矛盾，而结果总是以打骂收场。怎么办？我该如何去化解他与父母的矛盾，从那以后，我与他的家庭之间逐渐走得更近些了。

小学六年我悄悄地与这个小朋友的家长进行了三次面谈，毕业告别那天这个孩子抱着我说：“×老师，我会一辈子记得你，你教我六年，请了三次家长，都是在教爸爸妈妈怎么跟我谈问题，从来没有因为我成绩差或者犯错误请家长！你一直都相信我，我会努力的。”

还记得，他初一下学期快期末时，有一天晚上快十一点时，学校门卫室打电话给我说有一个已经毕业的孩子找我，我一听立刻想到的就是“他”。上中学后，他家搬离学校很远了，见面不方便，便电话联系。电话里我们说了很多，还是老问题，他谈到后来，他慢慢谈到了父母对他的很多好，这是他以前很少能主动想到的。从那时起我觉得曾经懵懂的小孩子真的长大了。今天他考上大学了，他的人生终于迈出属于自己的一步，我很替他开心。

此时，看着坐在对面的他，捧着茶杯，咧嘴笑着，心里暖暖的。每一粒种子，都值得用最特别方式的浇灌；每一颗嫩芽都有权利得到最细心的呵护。因为，哪怕是你在它身旁稍微驻足一小会儿，愿意静静倾听它们努力生长的声音，它们就一定能绽放出美丽的花朵！

和孩子共同成长

余莉平

“人人都说小孩小，谁知人小心不小。你若小看小孩子，便比小孩还要小。”这是人民教育家陶行知先生写的《小孩不小歌》。这首诗歌充分体现了陶行知先生相信儿童、尊重儿童、理解儿童的教育思想。在我近二十年的教学生涯中，对此也深有体会和感触，现选取其中两个小故事，以见证我和孩子共同成长的历程。

故事一：

一年级上学期，在教学“20 以内进位加法”时，我仔细地阅读了教材，做了不同的教学设想。所以，上课时我呈现了课本上的两幅图问学生：“左边有 9 瓶牛奶，右边有 5 瓶牛奶，一共有几瓶牛奶？”当学生算出 14 瓶后，我追问道：“你是怎么算的？”马上有孩子知道用“凑十法”算，这正是传统加法计算中最推崇和欣赏的算法，我心里非常高兴，立刻请他到讲台前向全班详细地介绍“凑十法”的步骤：一是看 9 加几凑成十，二是把 5 分成 1 和 4，三是算 9 加 1 等于 10，四是算 10 加 4 等于 14。接着我就让全体学生依葫芦画瓢跟着说了两遍，然后让孩子们用这样的方法模仿计算 9+7，9+9。结果半数以上的学生眼神呆滞，面对题目束手无策。后来经过我反复讲解，又让已经掌握的学生上台板书，总算让大部分学生掌握了 9 加几的“凑十法”。可当做 6+9，8+9 这类题时，很多学生又露出一脸茫然的神情，我又是一番吃力的讲解示范，总算让大多数学生有所领悟。但纵观整个课堂，除了原先就已掌握了“凑十法”的学生脸上有笑容，积极性很高以外，其他学生基本都显得不够自信。课堂练习时，本以为同学们用“凑十法”做题应该速度快、正确率高，然而结果却大大出乎我的意料：有相当多的孩子不仅速度慢，而且都是模仿着完成，一遇到稍有变化的题目就不知如何是好；还有的孩子本来会用其他方法算出结果，现在反而无从下手了。更让我揪心的是学生思维的灵活性好像也消失了，他们只会机械地用“凑十”这一种方法，整齐划一地看大数拆小数了。

下课后，我闷闷不乐地走出教室，慢慢向办公室走去。这时，班上一个小不点儿跟着走过来，悄悄地说：“老师，你生气了吗？其实我会算，只不过要数一数手指头。”听他这样说，我不由得停下脚步看着他，见我停下来盯着他，他急忙说道：“真的，不信我数给你看。”看着孩子认真的样子，我想：是啊，我为什么一定要用一种方法把学生的算法和思维限制得死死的呢？为什么不可以给学生更大的自由空间，让他们充分发表自己的想法和见解呢？把学习的自主权、选择权还给学生，课堂是否会更活跃，学生的潜能是否能得到更大的发挥呢？而这些，不正是新课程和新课改所提倡的算法多样化的目的之所在吗？

于是，我再一次研读了教材，重新设计了教学。在另一个班上课的时候，我不急于让早已知道“凑十法”的学生来介绍，而是让学生充分利用自己已有的经验来寻找 9+5 等于多少，孩子们或动手摆小棒，或画一画，或数一数……在每个孩子经历了独立思考的基础上，让他们把自己的想法先在小组内交流，然后请学生代表当小老师上台展示。孩子们给了我极大的惊喜，他们的算法可多了，有的记大数，加小数，一个一个累加；有的两个人合作，同时伸出两双小手来算；还有凭经验来推理的，当然也有介绍“凑十法”的，每位上前来介绍的孩子脸上都洋溢着成功的喜悦和自信的笑容。最后我通过其他的情境和变式练习，让学生逐步体验到“凑十法”在计算 9 加几进位加法时的优越性，有不少学生甚至还悟出了 9 加几的“凑十法”规律。是孩子们启发我，教会我要给予他们充分的学习自由，释放出智慧的火花。

故事二：

下课了，我回到办公室，能干的小助手已经把作业收好整齐地放在办公桌上了。我每次批改作业都有一种急切的心情，想尽快了解孩子们今天的学习又掌握得如何，而且我也知道，孩子们也很想快点知道自己学得怎么样，得到了老师什么样的评价。很快，批改完的作业又回到了孩子们的手中。不一会儿，作业有错的孩子改完错又来找我了，我心里暗自高兴，孩子们已经养成了良好的习惯，俗话说：良好的习惯是成功的一半。可是，怎么有一个孩子在错误算式的旁边把错误的算式又写了一遍，我心里有些生气，想给这再一次的错误画上一个叉，然后好好说说他改错怎么这么不认真。可是我总觉得有什么地方不对，还是先问问这孩子再说吧。把他请过来后，我一脸严肃地说：“你怎么不认真改错呢？”孩子一脸委屈：“我改了，我把没有写工整的数字写好了。”我心里更生气了，他居然不知道错在哪里，便提高声音说：“那你怎么还是写的 1+1=2 呢？”孩子小声地说：“左边有一个鱼缸，右边有一个鱼缸，一共 2 个鱼缸。1+1=2。”孩子怯生生的话语让我一惊，我看看他，然后目光落在了书上的图画上：左边的鱼缸里有一条金鱼，右边的鱼缸里有三条金鱼。很多孩子包括我自己列出的算式都是：1+3=4，这是从金鱼条数的角度去思考的，而这个孩子却是从鱼缸的个数这个角度去思考，他的思考是这么的与众不同，不仅没错，而且思考方式很独到，我的误判实际上是把我的思维方式强加于他了。我马上摸着孩子的头，诚恳地说："对不起，老师判错了，你这样想是对的，而且与众不同，老师都没有想到，孩子，我真佩服你。"接着我还想看看他是否能从多个角度观察，又问："你还能列出其他的算式吗?"孩子马上回答说："1+3=4。因为左边有 1 条鱼，右边有 3 条鱼，一共有 4 条鱼。"我竖起了大拇指，称赞道："你真了不起!"并且在我误判的算式旁画上了一个大大的、红红的五角星。孩子开心地笑了，我也感到很庆幸，幸亏没有自以为是地替代孩子的思维，才避免了扼杀孩子的求异和创新。后来，这个孩子常常在课堂上给我带来意想不到的惊喜和眼前一亮的精彩发言。这件小事让我实实在在地认识到，即使是熟悉的地方如果留心也会看到新的风景。学生的学习是没有固定模式的，不能用我们成人的答案作为唯一的标准来衡量他们。老师要用敏锐的洞察力去发现，用自我反省的勇气去保护，用满腔的热忱去鼓励，用自身的优秀和卓越去感染，最终实现师生生命的共同成长。

一次来访

彭蓉蓉

快期末考试了，同学们有些紧张，老师们也个个面露愠色，整层楼显得烦闷而焦躁。

办公室里，闷在学生的作业堆里的我，飞快地用红笔批改着一摞摞小山似的习题，望着满眼的红叉，一股无名之火不禁从身体里窜出。重点字词、必背课文，强调了不下十遍，怎么还是满篇皆错呢？下来没有复习吗？还是态度压根儿就不端正？深深的忧虑像一杯苦酒，浸满了我的心。

忽然，门外传来了一阵阵爽朗的笑声，抬头一看，原来是上一届的大孩子们。他们相约回到母校，看望小学的老师。可爱的笑脸、熟悉的声音，一切都那么和谐，恍如昨日。

性格开朗的小许打开了话匣子："老师，我好想上小学哦，好想再上您的语文课。"大伙儿一齐点头："我也是。我也是。"我忍不住逗他们："语文课有什么值得留恋的?"一石激起千层浪，大家争相发言，仿佛回到了从前的课堂。

"好记星"小李大声说："我最喜欢古诗文，初中要求背诵的古诗文篇目，我们几乎都背过，即使没有背过，多读几遍就能成诵。"

"赞同。赞同。"才女小周说："我以前对背诵古诗文很抵触，但您总能想法子吸引我，或者讲解诗文背后的故事，或者运用不同形式的诵读带领我们感受音韵美，还时常举办小竞赛调动我们的积极性，非常感谢老师。"说着，我内心也不由地开心起来。

机灵的小高也加入了进来："老师的语文课总能给我们充分的时间思考、探讨，允许我们在课堂上展开辩论，发表自己的意见和看法。"随后，她停了一下，叹气着说道："初中的课堂发言机会好少，我们大多时间是在不停地写写写。"

博学的黄同学郑重地说："还有您的课外导读课，引导我们广泛地课外阅读，激发我们的兴趣，拓宽我们的阅读视野，我现在的作文仍然常被当作范文在全班欣赏，还得谢谢老师您。”

对于课外阅读，以前我常推荐经典的文学作品、名家名篇，发现大部分孩子都提不起兴趣。于是，我转而推荐有情节、有情感、有文字表现力的好书，促进孩子们的深度阅读。慢慢地，阅读成了他们茶余饭后的“美味甜品”。

孩子们畅谈着度过的学习生活。阅读课引导学生建立阅读思维，作文课从细节入手、给予方法的指导，课本剧表演、诵读比赛、书写比赛、办小报等活动，丰富着他们的语文实践，提升他们的综合素养。

曾经的我满怀热情在语文教学的路上与孩子们一同慢慢成长，今日的我面对学生基础知识的不过关，难道就只能“恨铁不成钢”了吗？为何不反思自己，查找原因呢？思考用什么方式帮助孩子们巩固基础知识？

学生的来访给闷热的楼层带来了一丝凉意，也注入了一分活力，我心中的阴霾也一扫而空。我更加深刻地意识到自己的困惑和不足，坚定地明确了自己今后语文教学的方向。路漫漫其修远兮，吾将上下而求索。

金石为“爱”开

王欣圆

苏霍姆林斯基：“没有爱，就没有教育。”

——题记

2016 年 9 月，初出茅庐的我，与“初出茅庐”的一年级新生相遇。刚刚进入小学校园的孩子们，校园生活是他们崭新的开始，我亦是如此。作为一名新老师，不仅要一手抓语文老师的学科教学工作，还要当好“班妈妈”，做好班级管理和德育工作，对毫无经验的我而言，这无疑是两座大山压在肩头——实打实的“压力山大”。尤其，是面对一半天使一半恶魔的他们。

还记得在新生训练时，这群一年级新生，其实与幼儿园小朋友殊无二致。他们有的对上课的环境极不适应，出现了分离焦虑；有的根本坐不住，好动到满地乱爬；有的在课上听得很认真，大眼睛忽闪忽闪地盯着老师，结果才说过的要求转眼就忘了；更有故意唱反调，以此彰显自己的个性……面对这样混乱的场景，我真是一个头两个大！而在众多小朋友中，一个虎头虎脑的男孩子小黄“脱颖而出”。

果然，到了正式行课时，小黄的表现更加突出了。他毫无学前基础，对学习也没有兴趣，自然，上课不听讲是常事。他要么思想溜号、开小差，或者找同桌说话，要么做小动作——飞机啦，纸船啦，折得有模有样；橡皮、铅笔、直尺就是武器，一节课就是一场战役，打到黄土漫天、地球炸穿……任课老师常常为组织纪律而不得不中断讲课，于是一句句“投诉”摩肩接踵地跑进我的耳朵，小黄自然也就成了我办公室的常客。针对这种情况，我把自己劝了又劝，尝试感化。于是按下内心的焦虑，没有过多的去批评和指责他，而是温和地讲道理，告诉他学习的好处、不学习的坏处；而他面对错误，总是眼睛一斜，嘴巴一歪，露出一个不屑的笑容。这不，帮助完毕，一扭头回到教室，不出一节课，又是外甥打灯笼——照旧。

下课时，小黄总有推陈出新的玩法：玩厕所门，将门整个拽下来；一脚踢坏音乐课教室前的垃圾桶；从二楼将篮球重重扔下楼去，万幸没有人受伤。他和小朋友们在一起时，总是喜欢捉弄女生，和男生打架；自己喜欢的东西不告而取；把一个同学的东西放到另一个同学处，并在一旁看他们争执的场景，暗暗发笑……

如是种种，不胜枚举。

学习上的问题，或许可以从优化教学内容、抓住学生的兴趣点进行调节；而小黄在生活上的表现，真的令我无从着手。而每次想要和家长沟通，合力帮助孩子时，都只能换来一句“我没办法，老师你多费心”，实在有孤军奋战、孤立无援之感……我也曾有过埋怨，这个孩子是不是也就这样了？家长都不管亲儿子，我费这么大力气有必要吗？

后来，我辗转了解到小黄的家庭，父母离异，父亲远在外地，母亲则投身麻将事业中，整日不见人影，只是由文化程度不高的外公外婆带着，管吃管喝管睡，其他的，就无力兼顾了。

面对如此境遇……我不帮他，那小黄又能怎么办呢？

我不能放弃他！

于是，我暗下决心，一定要拉他一把。我开始自学心理学，在严格的选拔考试后，成了国家三级心理咨询师，渐渐懂得了小黄行为背后的原因——他只是一个缺爱的孩子，用捉弄他人的方式引起外界的关注，用坚不可摧的外壳包裹柔软的心脏。在他心房阴冷的角落里，依旧期待一束光。

只要一有机会，我就会找他过来帮我做点力所能及的小事，一方面锻炼他的能力，一方面也让他获得认同感、成就感。有一段时间，他学习上有一些进步了，我几番思索，最终在全班学生面前宣布，小黄因为努力学习，担任小队长！雷鸣般的掌声响起的那一刻，我看到了他眼底的小火苗一下子亮了。平时，我盯着他的一言一行，一有机会就在班上表扬他，让他得到老师和同学们的认同；当他又有反复时，我都会私下耐心引导他，给他改正的机会。就这样经过了两个学期的漫漫征程，这位老师眼中的“小土匪”，真正有了学生样。违反纪律的情况少了，逐渐对学习产生了一点兴趣，从二三十分的成绩提高到及格线……虽然和大部队还有差距，但是这样的进步，对他而言已经是难能可贵的奇迹了。成长中的学生总免不了犯错，教育是尊重而不是伤害，是关爱而不是冷漠，没有爱的教育是不完整的。作为老师，若能多一些真情，多一些柔软，多给孩子们一分机会，我相信，再坚硬的钢铁也能被爱化为绕指柔。

二年级下期的期末，办公室来了一位“不速之客”。一个小女生拿着纸折的火箭送给了我，只见火箭的空白处写着：“王老师，小黄爱你。”我一扭头，一个狡黠的小脸出现在办公室门口。小黄与我的目光对接，流露出一丝未曾见过的羞赧，快乐的小脚原地蹦跶了两下，害羞地跑开了。

我一时百感交集，捧着小火箭，像捧着一颗滚烫的心。口中默默呢喃——

“精诚所至，金石为开。”

数学，可以如此生动、有趣

符媛媛

“学习如果具有思想、感情、创造、美和游戏的鲜艳色彩，那它就能成为孩子们深感兴趣和富有吸引力的事情。”

——苏霍姆林斯基

“数学真的好玩吗？当然！热情邀请你来和我们一起玩转数学课堂……”——这是“数学好玩儿班”的海报宣传语。“数学好玩儿班”是我们龙娃娃特有的乐悦拓展选修课之一，每周五下午老师和来自不同班级的同学们相聚在一起，通过数学活动和游戏实践、探索、交流和发现。

在我们的数学课堂上，老师是一位有趣的魔法师，不会忽视能力的培养，只做搬运知识的工匠，而是基于对“学习金字塔”的研究，对本体性知识的深刻理解，对学生心理特点的遵循，设计出有趣的、充满挑战的教学“魔术”，让孩子感受到数学的乐趣。讲台上的“魔法师”会设计出扣人心弦的情境——“茫茫大海，暴风雨中的渔船如何准确地向搜救船报告自己的位置”，让学生探索如何快速、准确地定位；会挥挥魔法棒，让所有学生变身“透视预言师”，一眼看透骰子的秘密；会带领学生坐上“时光穿梭机”回到古埃及，发现因尼罗河洪水泛滥而带来的土地面积测量的问题，从而知道面积产生的历史渊源；会让学生经历数学符号创造、完善的过程，发现符号中的艺术；会变出“数学绘本阅读课”，让学生在奇妙的故事里发现数学的魅力。“魔法师”也会让孩子们的指尖动起来，“用卡纸制作扭一扭正方体”“用橡皮泥探寻立体图形的特征和关系”“开展卡牌游戏大赛”……这些指尖上的探索，让孩子们对数学“触手可摸”并“爱不释手”。魔法师会带领学生走进千变万化的数学世界，感受数学的神奇、绝妙、严谨和活力！

这样的数学课堂让学生在变化的课堂和每周的期待中，获得持续发展的力量，带领学生用数学的眼光观察世界，用数学的思维分析世界，用数学的语言表达世界，让学生学会学习，崇尚真知、勇于探究。

这样的课堂，我们已走在路上，虽然仍显稚嫩，不够成熟和完善，但心有目标，努力向前，未来定会越来越好！

亲师者，信其道

黄　宏

在很多人眼里，教师是一份值得尊敬的职业，但也是一份辛苦而乏味的工作。而在我的眼里，教师是一份甜蜜的事业，我为我能成为一名教师而感到幸福。

在与学生共同成长的生命历程中，我们只要真心付出，认真倾听，就会发现体育教师这份职业的真谛，体会发生在自己教育过程中的精彩。

体育课是一门学生十分喜欢的课程。为了规范学生上体育课的秩序，我规定上课集合不允许迟到，迟到的同学做20个深蹲。可是有一天，作为制定规则的我因为学校的其他事迟到了几分钟，一直站队等我的学生齐声说："老师迟到了，老师做深蹲。"。我连忙解释了迟到原因，同时对学生说："老师做，为了严明纪律，老师必须做表率。"在我做深蹲的过程中，学生都在大声地给我计着数。"作为老师不应该迟到，我决定再多做10个"，学生给予我一阵掌声。从此，学生上课迟到的现象减少了许多，从一年级到现在的五年级，我教的四个班上下课集合一直都是井然有序，这是长期坚持规矩的结果。

在课堂中总有一些学生行为散漫，我教的五班有一个叫李小明的男生，他什么也不学，什么活动也不参加，而且说话时总不敢面对别人，头和眼睛总转向一边。我要求上体育课时运动服拉链必须拉好，可是每次集合时他总是敞着衣服，我就点名说："李小明！把衣服拉链拉上。"他说："不行，今天太热了。"我说："那你就脱掉吧。"他又说："脱掉又冷。""我有一个办法，你把拉链拉上一半，这样既不热也不冷，正好"，说着我就动手帮他把拉链拉到合适的位置，他当时哑口无言，我没有给他反应的机会，马上走到队伍前立刻进行其他的活动。从此以后他再也没有敞着衣服上课了。但是他上课的时候活动不积极，总是勉强应付，于是我采取了一个帮他改进的方法，在逐渐"整改"的过程中，他的表现越来越好。有一次测50米短跑的时候，他表现出前所未有的积极性，都快下课了他才跑过来问我："老师，我这项能得多少分呀?"我一听还真是新鲜，他竟然关心起自己的分数了，便赶紧抓住这个机会，耐心地告诉他如何计算，并且给他查询了成绩。“你分数还可以，说明你还有一定的潜力，只要你上课按照老师的要求做，相信下次还能有更大的进步。”在以后的体育课上我都用期待的眼光暗示他，真的起到了促进效果，他在体育课上成了一名积极主动的孩子。

育人路上多一些宽容，就少一些心灵的隔阂；多一分宽容，就多一分理解，多一分信任，就多一分友爱。我们要为学生设计丰富多彩的教学内容，更要给学生一分宽容，一片晴天。在教学中要采用多种教学方法，营造宽松的教学氛围，激发学生的学习兴趣，让学生在体育课上健康快乐地成长。

书信的力量

闫 薇

在鸿雁传书的时代，书信曾是人们最重要的沟通载体。家事国事天下事，何事可入信；亲情友情竹马情，情情皆上心头。信中的字里行间或热血壮志，或柔情依依。在我看来，不仅如此，信还有其他魔力。从某种意义上讲，它可以改变收信者的生活。

暑假的一天，我突然接到了雯雯爸爸的电话，他声音哽咽："闫老师，雯雯妈妈癌症病发，突然逝世了。"话音刚落，电话的那头就无声了，而我的眼泪，随着惊恐的一声"啊"夺眶而出。

雯雯才刚刚 8 岁，她日夜依恋的妈妈就不幸病逝，这巨大的伤痛连我们大人都无法接受，弱小的雯雯又如何承受得了？这世上最亲最爱的妈妈离开了，再也见不到温柔美丽的妈妈了，再也听不到妈妈关切的嘘寒问暖了，再也不能钻到妈妈温暖的怀抱里撒娇了，再也没有人会像妈妈一样爱她了……

对于雯雯来说还远远不止于此。妈妈不就是发烧了吗？妈妈不就是比以前瘦了吗？医生叔叔不是说妈妈会好起来的吗？为什么我永远都见不到妈妈了？当我赶到雯雯家，她泣不成声地一遍又一遍问我。除了把她抱在怀里抚摸着她，除了陪着她哭泣，我不知道该说什么来安慰她，一切的语言都显得苍白无力。当了十几年的班主任，第一次遇到孩子妈妈突然离世的情况，我跟雯雯一样惊愕和悲伤。我一边搂她入怀一边告诉自己："让我来做这个女孩儿的妈妈吧!"

我想带雯雯回我家，带她出去跟小朋友一起玩玩散散心，她都拒绝："我要留在家里等妈妈回来。"雯雯在家闭门不出，成天以泪洗面，晚上也睡不好，夜里总会哭醒。所有人都心疼又无奈，我也看在眼里，急在心里，回家赶紧以雯雯妈妈的口吻给她写了一封信：

我最爱的女儿，妈妈每天在天上看着你泪流满面，妈妈也伤心难过。妈妈到了天上没有了疼痛，病全好了，最最放心不下的就是我的宝贝女儿，妈妈不能照顾你吃饭睡觉了，你一定要照顾好自己，多吃饭，早睡觉，才不会像妈妈一样生病难受。妈妈现在最大的安慰就是可以在天上看见你，还可以从天堂寄信给我的乖女儿。妈妈最大的愿望就是看着我的宝贝女儿开心快乐……

我在信的末尾还印上了唇印，把信装进了粉色信封，写上“写给我的宝贝”。第二天天还没亮，我就和雯雯爸爸约好，来到雯雯家把信放在了还没醒来的雯雯手里，悄悄离开。雯雯醒来后，一看到信还没来得及拆封就号啕大哭起来：“妈妈，我要我的妈妈……”她一边看一边哭，豆大的眼泪滴下来浸湿了信纸。她一边哭一边喊妈妈，一边抹眼泪一边下床刷牙洗脸，一边挤牙膏一边说：“妈妈你看见了吗，我会照顾自己，我吃完早饭就给你回信。”也许是收到了妈妈的来信，雯雯开始有了那么一丝丝希望。

接下来，“母”女俩开始通信了。除了我，雯雯爸爸、雯雯姨妈和舅舅全都开始以妈妈的口吻给雯雯写信。我们在信中展开回忆：从怀孕在妈妈肚子里那天开始给雯雯讲过去的故事，雯雯读着这些往事，感受着过去的美好。我们也在信中谈论现在：从生活习惯的培养到学习成绩的督促，再到每日心情的分享。我们还在信中展望未来：从理想的中学到未来的梦想。在一封封信的来往中，我们用心灵对话，字字感情真挚，句句透着暖意。雯雯可以跟大家一起谈笑风生了，也可以勇敢地面对生活中的困难与挫折了。我们又见到了曾经笑得像花儿一样的雯雯。笑容绽放在了雯雯的脸上，我们的眉头也就舒展了。

我想，这就是书信那独特的动人力量。能融情于文字中，能化泪于信纸上，带去思念，抚慰流年，捎来希望。雅斯贝尔斯说：“教育的本质就是一棵树摇动另一棵树，一朵云推动另一朵云，一个灵魂唤醒另一个灵魂。”雯雯一定会在“妈妈”这一封封具有神奇力量的书信中，不断地被“摇动”“推动”“唤醒”而长大。

数学教学可否没有公式

殷　石

我们常常看到一些火热的公众号，总结一些数学公式，其中不乏这样的宣传，记住这些数学公式，掌握小学数学。数学公式，我认为是数学中最精妙的语言，是数学皇冠上的珍珠。从目前的情况看数学教学很多时候变成了公式教学，甚至是“套路”教学。我们用百度搜一搜，发现“套路”是指精心策划的应对某种情况的方式方法，使用该方式方法的人，往往已对该方式方法熟练掌握，并且形成一定的模式，逻辑上倾向于惯性使用这种应对方法应对复杂的情况，心理上往往已经产生对此方法的依赖性、对人有较深影响，使用某种特定不变的处理事件的方式，对一些情况下的处理方式形成“路数”，名为套路。

记得这学期，我上北师大版三年级下期的“数学好玩”单元的“有趣的推理”一课。我一进教室，出示课题“有趣的推理”后，学生们就议论纷纷。

“这个我在外面学过。”

“这个，我很喜欢，非常有意思。”

“这个就是画表格，勾勾叉叉。”

……

我听后想了想，我必须要改变教学环节，改变我提前的预设。如果我直接把题目拿出来，很多孩子提前学过了，那这节课不是没有价值了吗？我要看看孩子们是真的理解这类题目的逻辑道理，还是只是背了“套路”。我于是只出了一半题目让学生去思考。题目是这样的“淘气、笑笑和机灵狗去报兴趣班，有电脑班、舞蹈班和足球班”，本来后面有淘气不喜欢舞蹈，笑笑不上电脑班等。我故意没有出示后面的问题，还改变了后面的问题。我说：“校长问我，淘气、笑笑和机灵狗报兴趣班的情况怎样，有哪些可能？”

学生看完题目后，没有察觉题目的变化。很多学生就开始利用表格解题了，不久就一本正经地画出了表格。我抽查一位学生来回答。

我说：“你为什么用表格法啊？”

学生一本正经地说：“解决这些问题，就都用这种办法啊。”

我又问：“你为什么在淘气和足球的交叉格子画了勾。”

学生胸有成竹地回答：“淘气是男生，当然喜欢足球啊，所以我就画了勾。”

我听后哭笑不得。

我在两个班都做了这样的尝试，结果只有 2 个学生写出了正确的方法。下课后，我和孩子们进行了沟通，发现孩子学习这个内容的时候，根本没有仔细理解和体会，为什么要画表格，而是简单地记忆了利用表格解决逻辑推理。学生只背了“套路”，忘了数学最关键的逻辑推理。

这让我想到了，我学驾校的时候，教练为了让学员快速通过考试，让我按照他的“套路”进行强化练习。果不其然，我顺利地通过了考试，拿到了驾照。但“模式化”的训练，为我实际驾车上路留下了无穷的隐患。这样的隐患，轻则让爱车受损，重则人员受伤。

这样的“模式化”训练，“套路”的教学，虽然能让学生做对类似题目，但对数学的本质理解，缺乏从实际情境中抽象的学习。学生只是机械地记住了“几个人选择几种项目，我就用表格法，画钩钩叉叉”等一类的套路。

殊不知，对低年级学生来说这样的模式化训练形成思维定式后，虽暂时取得的成绩不错，实际后患无穷。学生会因此对这样的“套路”学习形成一种依赖，以为数学的学习只要记住老师教的“套路”就可以了，美其名曰记住公式，就理解了数学，实际上是本末倒置。

因为“套路”的学习，学生不会去理解知识背后的数学本质，比如“表格法解决逻辑推理”；不会去感悟知识背后的数学思想方法；不会去体验数学的求真的科学精神，从而失去了学习数学的兴趣。当学生往后在面对复杂的问题情境时，就无从下手，渐渐开始厌恶数学。这也是部分学生进入高年级或者中学后，在某一个阶段成绩下滑的主要原因。

“套路”的学习不仅毒害学生，也让教师“中毒”不浅。教师从表面上看到学生在“模式化”的训练中，暂时取得了优异的成绩，从而在平时的教学中，忽视了对教材的研读，对学情的分析，对课堂的反思。日复一日，年复一年，教师在这样重复低效的教学中，迷失了自我，逐渐对职业产生了倦怠。

教学讲究“套路”，学生学习追求“套路”，是无视客观规律，急功近利、投机取巧的行为。

数学教学，应少一些“套路”，多一些真诚。教师教学的“真诚”如何体现呢？要多从学科教学的本质出发，从学生长远发展的目标出发，从自身专业成长的角度出发。

短期来看，教师这样“真诚”地去教学生，学生的学习效果不一定比用“套路”教要好。但坚持下去，学生一旦掌握了数学的学科思维，数学的学习就变得简单而有趣。

数学教师的教学，应少一些“套路”，多一些“真诚”，教师在教学的路上才能越走越远，越走越幸福；学生在学习数学的路上才能越走越宽广，越走越开心。数学公式是数学最精妙的总结，一定要在大量的实例和感悟中去理解数学公式。

我在这里真诚地说：“数学学习千万条，拒绝‘套路’第一条。少一些‘公式’，多一些‘理解’。”

“心平气和”了不起

唐玲玲

刚刚送走一批六年级毕业班的大孩子，我便做了新到岗教师的指导老师和年级教研组长。前两年，感觉忙是忙，但只要勤于付出就有明显的收获。可不是吗，12岁的孩子懂事了，为了考个理想的中学，对老师的指令绝对服从。加之六年的训练，孩子们的自我约束能力都较好，所以除了操心怎么把学生学习提到最佳水平，我就没为了鸡毛蒜皮的杂事费过什么神。而后面一年时间里，虽然跟我结对的“徒弟”有两位，但我的指导工作量非常大，加上年级语文研讨工作，我就更忙了。可我的工作与合作对象基本是成年人，新教师勤奋的特性和老教师敬业的职业习惯使我的工作在忙碌中却能看到明显的收获。然而这种成就感在我今年9月接手一个一年级新班级后灰飞烟灭。

自以为当了十多年的教师，又有过两届学生的大循环带班经历，一群6岁的小毛头有什么好怕的？可现实把我“打趴下了”——现在的孩子比几年前的孩子更活泼好动，自我意识更强，根本不知道什么叫“敬畏”，基本拿老师当家里的保姆或幼儿园陪他游戏的阿姨；家长对孩子关注更细，对老师要求更高，但不少家长自己的参与度却因为种种原因变低了（工作忙或要照顾多子女家庭，也有的太年轻了很少或不善于参与孩子的教育过程）。

于是乎，开学半个月，我就像“打地鼠”游戏一样蹦跶着、呼号着、工作着。人忙到一定限度，又看不到期待的成效，还缺乏后盾支持，脾气就会找上门。当班上的“金刚级”人物打伤了同学，当调皮鬼排队时满校园跑，当不听讲的孩子怎么都不会认田字格……所以我声调高了，脸色垮了，心里乱了。

“人得自救。”不能真被一群小毛头击败，马上借来同事常看的一本书——《心平气和一年级》，希望从“内部”开始解决我的慌乱根源。

书看了不多，也是见缝插针瞅几眼，但不知为啥，毛躁劲儿减退了不少，大概是因为看到了一位真实的、和我一样工作生活的一线教师，有种被体谅、被理解、被鼓励的真实感受，不是以往被迫看教育理论书籍那种空头大理论的说教感。

看了薛老师的“工作漫谈”，很是佩服她的亲力亲为和那股子干劲儿。说实话，老师是人，也会累。每天进教室，从清点学生、卫生检查、思想教育到一天的课程教授、作业批改、矛盾调解，再到随时而来的家长到访或电话联系，更不用说常常会有突发事件、紧急通知，老师们就像陀螺，要转个不停，还得转得漂亮。一干几年甚至几十年，没有薛老师那股对教育的执着，常人是干不下去的。薛老师就把对教育的热爱从那些“太阳底下最光辉的职业”等不切实际的比方里拉回现实，用一天一天、一点一滴的最不易被人察觉，最无功可言却最实在，最有用的行动来呈现。甘于寂寞，甘于平凡，立足本职，这没什么了不起，但这又很了不起！因为，有多少人说到了，又能做到？

我不再对自己那种事无巨细的付出而苦恼，不再觉得自己傻忙穷忙，嘿嘿，不有个薛老师和我一样傻，傻得比我还执着吗？人呐，找到一个“同类”就能傻乐呵！

薛老师傻，傻得有智慧。嗯，矛盾啦。不，不矛盾。当你真正地爱着孩子们，能从孩子们的终身发展出发，你就会本能地做出一些行为——引导他们的言行、发掘他们的天赋、矫正他们的不端，并给予他们更多的锻炼和展示机会。就像薛老师一样，我们要看到的不是一个成年人，而是一个需要我们帮助其成长的发展中的个体，刚才破折号后面的那些就是我们要在每一天里给孩子们的。不是生硬地“给”，是悄无声息、润物无声地释放出来，把孩子包裹在中间。这样的教育力量真正被孩子吸收是有很长的等待期的，不能立竿见影，所以“傻子们”千万别急，否则就真的傻了。薛老师的傻人智慧就在于会等待，有耐心，给孩子成长的时间和空间，给孩子犯错的机会和改错的机会。

我从小对自己要求甚严，所以对于孩子那些“屡教不听”犯的错，就有些抓狂了。幸好在我差一点忙昏头沦为真正的“傻子”之前，薛老师提醒了我——学会等待。我试了试，“等”反而能立竿见影！那天一个屡次把作业写得来如天书一般与众不同的孩子苦着一张脸来交作业，我一看，哟，格式基本正确了，至少知道写在哪一行哪一格里了，这不就是“等”到的好消息吗？我马上高兴地边拍他的小屁股，边说：“对了对了，写得比以前好多了，还有这个字写得进步最大。”我又在其中一个相对工整的字下面画上小五星以示褒奖。那孩子的苦瓜脸立马露出了难以抑制的兴奋（虽然性格内敛的他没激动得当场跳起来，但我还是明显感受到了他的愉悦）。临走前，我觉得这孩子虽然学习效果呈现的确差强人意，但却是开学大半个月来，第一个利用课间时间主动拿上作业本来找老师纠错的，这样的自觉性和自我责任感的萌芽不是很宝贵吗？

我又补了一句：“你看，你是第一个主动来找老师改错的孩子，就凭这一点，就该表扬！继续这样努力，你会越来越好。”哇，话音刚落，那内敛的孩子竟然“欧也”大叫一声，欢蹦着走开了……

我想，这个孩子或许未必会因为我的这段话就神奇地成为班上学习拔尖的佼佼者，但他一定不会成为怕老师、厌倦学习的失败者。事实证明，此后每次作业后，那孩子都会不厌其烦地捧着作业本一次次地跑办公室，老师有事来不及二次批改，堆着笑脸把他劝回去，他干脆就在门口等。嘿嘿，又一个执着的“小傻子”。于心不忍，唤进来，放下手头的“急事”，认真批改后画上一个五星。看着孩子满意离开的背影，还有什么事情比呵护孩子的真诚更重要？

我的等待主义其实也是给了自己一个机会。这个孩子的行为慢慢引起了班里另几个孩子的关注，于是乎有好几个孩子起初都“跟风”而至来修改作业，我挨个儿表扬其学习态度可嘉，最终，班里有了一大群“热衷修改作业”的孩子。嗯嗯，继续推而广之。我为孩子们不主动改作业而烦心的时间少了，嘿嘿。

薛老师的书不是神药，不可能包治百病，但是却提醒了我“心平气和”。这四个字，虽然我不能时时注意，事事做到，但我真的从心里告诉自己“不急”，孩子的成长急不来。既然忙，就要忙得心甘情愿，忙得步伐坚定；既然傻，也要傻出智慧，傻得持之以恒。

“心平气和”，简单的四个字，了不起的四个字。记得每天对自己说上几遍哟！

名字说

吴让洁

当老师，自然会认识许许多多的学生名字。你如果能够深入思考，就可以把很多学生的名字转化为特殊的教育教学资源。

多年前的一个新学期，我从别的老师那里新接手一个五年级的班。第一节课，初次见面，我和孩子们交流了上课的基本规矩。一个小男孩坐在椅子上，屁股不时扭几下，有两次还干脆“葛优躺”在了座位上。我多次用眼神提醒，他似乎也接收到了我的“电波”，可就是管不住自己，嘴巴里还念念有词。

下课了，我走到跟前，问他叫什么名字。他告诉我叫“曾毅”，我问他知道自己名字的含义吗？他欲言又止，似乎知道，又似乎无解。这时，我脑海中闪过一个念头：找个机会，说说他的名字。

后来，我做了一系列功课，查阅了很多资料，备好课之后，选了一节队会课开始了特别的一课：“名字说”。

当我说到“毅”作为名字时，有孩子说是陈毅的“毅”，我很惊异，他们竟然知道老一辈无产阶级革命家的名字。还有的孩子说是“毅力”的“毅”，我也给他们点赞，会把名字中的字和美好的品质联系在一起。

然后我就对他们说，大家在介绍自己的名字时，常常会习惯于和名人联系在一起。比如，自己的名字有个“白”，就会说到李白的“白”；自己的名字有个“甫”，就会说到杜甫的“甫”之类。这完全没有问题，但一定要注意，我们要对这个名人有一定的了解，这个名人最好是一个充满正能量的英雄，而不是十恶不赦的坏人。肯定没有哪个同学愿意把自己的名字，和一个臭名昭著的家伙联系在一起。

既然有同学提到了陈毅，我就带着他们通过网络搜索，找到陈毅的一段相关资料：

陈毅，名世俊，字仲弘，中国共产党党员。久经考验的无产阶级革命家、政治家、军事家、外交家、诗人；中国人民解放军的创建者和领导者之一、新四军老战士，中华人民共和国元帅（十大元帅之一），党和国家的卓越领导人，曾参加黄桥战役、孟良崮战役、淮海战役、上海战役。著有专集《陈毅诗词选集》。

还补充了毛泽东主席参加陈毅追悼会时勉励陈毅的孩子昊苏、丹淮、小鲁和珊珊说的话：“要努力奋斗哟！陈毅为中国革命、世界革命做出贡献，立了大功劳！”

看来，如果名字中有“毅”这个字，作自我介绍时，和陈毅这个做出卓越贡献的名人联系起来，还是挺自豪的一件事。

然而，这样的介绍仅仅完成了如何通过借力来介绍自己的目的，还没有弄清楚这个字到底是什么意思。接着，我又引导孩子们通过查字典，搜索“毅”这个字。

基本解释如下：

果决，志向坚定而不动摇。

我问孩子们：“如果你的名字中有‘毅’这个字，你认为爸爸妈妈给你起的名字有什么内涵呢?”毫无疑问，大家都认为爸爸妈妈希望自己的孩子意志坚定，做事果断。也正因为这个美好的意义，现在有很多父母在给孩子起名时，都愿意用“毅”作为名字中的一个字。

我把话头一转，对大家说，看到“毅”这个字时，我首先想到的不是陈毅，而是曾子。很多孩子丈二和尚摸不着头脑，无法把“毅”和曾子联系到一起。

我就对他们讲，曾子是孔子的晚期弟子之一，是儒家学派的重要代表人物，是孔子学说的主要继承人和传播者。他性情沉静，举止稳重，为人谨慎，待人谦恭，以孝著称。他参与编写了《论语》，著写了《大学》《孝经》等作品。曾子在儒学发展史上占有重要的地位，被后世尊奉为“宗圣”，是配享孔庙的四配之一。曾子以他的建树，最终走进大儒殿堂，与孔子、颜子、子思、孟子比肩共称为五大圣人。

“士不可以不弘毅，任重而道远”，就是这位著名思想家提出来的。意思是说有远大理想抱负的人不可以不刚强勇毅，责任很重，路途又很遥远。讲到这里，有几个学生似乎恍然大悟：“曾毅”这个名字，原来是取自曾子的学说，曾毅的爸爸妈妈真是太有文化啦，给他取了个意蕴这么丰富的名字。曾毅的名字里，寄托着他爸爸妈妈这么多美好的期望……

孩子们的感叹接二连三，借着他们羡慕、赞叹的东风，我趁热打铁：每个人的名字都有爸爸妈妈的殷殷期望，甚至于一个家族的梦想与重托。大家可以去发掘自己名字中每一个字的内涵，可以多查一查工具书，关注一下相关资料，研究一下你的名字中的某个字在中华传统文化中有什么特别的内涵？

话音未落，已经有孩子迫不及待地拿起《新华字典》开始翻查起自己名字的含义。抬眼看曾毅，那坐姿，端正得如一口钟，再不需要我投去深情的“电波”。我暗暗高兴：了解自己名字的含义，珍视自己的名字，就能更好地激发大家的内生动力，用努力学习做到名实相符啦。

小小的名字，有大大的学问。所以，学生的名字确实是极为难得的教育教学资源。当我看到一些名字很有文化内涵时，我就会找个合适的时机，用名字作切入点来渗透传统文化。

比如：

当看到有同学名字叫“思齐”时，我会给大家讲“见贤思齐焉，见不贤而内自省也”。（语出《论语》）

当看到有同学名字为“清扬”时，我会给大家讲“有美一人，清扬婉兮”。（语出《诗经》）

当看到有同学名字是“至诚”时，我会给大家讲“唯天下至诚，为能经纶天下之大经，立天下之大本，知天地之化育”。（语出《中庸》）

自己的名字被讲到，同学投以艳羡的目光，会让当事孩子挺一挺腰，感到荣耀，也仿佛受到了一种鞭策。当自己的名字在查字典后没有发现特别意义而感到小小失落时，我翻查典籍帮忙找到富有意蕴的一个解释，又能让失落的孩子重新激发起上进心。

中华优秀传统文化是中华民族的“根”与“魂”。习近平总书记指出：“优秀传统文化是一个国家、一个民族传承和发展的根本，如果丢掉了，就割断了精神命脉。”博大精深的中华优秀传统文化是我们在世界文化激荡中站稳脚跟的根基。

在日常教育教学中，我们可以认真领悟植根于实践的中华优秀传统文化思想精髓，深入挖掘温润而隽永的中华优秀传统文化精神要旨，在创新教育教学方法和手段上下功夫，坚持把中华优秀传统文化融入教育教学全过程，努力培养德智体美劳全面发展的社会主义建设者和接班人。

教育中的“对人不对事”

钟　影

教育是面向人的，时代在进步，人的观念也在发生着变化，教育所服务的对象——孩子们无疑是变化最大的，如今的孩子与我们的童年，与我们上一批次的孩子甚至是上一年的孩子都有着很多不同，所以其实最应该改变的是我们老师的教育观念，以及随之调整的有针对性有实效性的教育手段和方法，这样的教育才是与时俱进、行之有效的成功教育。以前，我们最喜欢说的是教育就应该是对事不对人的，就应该是一碗水端平的，其实我觉得这个还真得看人，教育有时还真得“对人不对事”。

时光飞逝，接到现在这个令人头疼的班已经五年多，胜利就在前方，黎明即将来到。回想刚刚接到这个班级的时候，真的是让我绝望，接手的各种场景历历在目，通过五年的磨合，好像也慢慢能适应了，好多事当时看来真的是比天大，现在回想起来也是犹如浮云，已然淡忘。好的是，我取得了阶段性的胜利，孩子们爱我，家长们信任我，上课的纪律不敢说最好，但也在慢慢进步，班级成绩在年级上也还说得过去，稳中有升。说起教育故事，其实我是最不应该缺的，班上的孩子尤其是男生，那是个顶个的调皮，人人都活出了一分自我的精彩和任性，人人都可以写本书。今天单说一个人：××丁。这个孩子在一年级刚进校时其实并不算突出，要说有什么特殊的，只记得报到那天是班上唯一一个把黑板上所有的注意事项都完完整整流利无比地念出来的孩子，时隔五年，我仍然记得当时他妈妈骄傲的神情。也许班上调皮的孩子太多，也许是老虎还小，没有显示出他的凶猛来，总之，一年级的他在班上并不起眼。但是二年级开始，他就崭露头角：好强、任性、易怒、暴躁，任何事情都是他说了算，一言不合就开打，开打就是六亲不认，天王老子来了也拉不住，而且眼里看到什么就扔什么，同学的文具、书本，甚至是桌子板凳、扫把板擦都是他的武器，操起什么就拿什么打。他像个不定时炸弹，随时可能爆炸，随时能把班上搞得鸡犬不宁。孩子们怨声载道，刚开始还给他提意见、批评阻止他，后来看他一副霸道的样子，有的就敬而远之，有的就联合起来收拾他。出了事，我也给他交流，他也很快会冷静下来，冷静了之后又一切正常，什么道理都懂，该道歉道歉，该赔偿赔偿，但是始终解决不了根本问题，对于孩子们的安全和他自身的安全始终是个很大的隐患。对此，我也和他谈了话，发现他情绪管理能力很弱，每次冲动做错事了也很后悔，但当时就是控制不了为此，我们一起想办法，他提出了几点：他冲动时请老师拥抱，提醒他深呼吸，让他喜欢的同学（他自己点的孩子）提醒他冷静并且面壁思过。按照这个方法处理了几次，有一定效果。我在和他妈妈沟通交流后，分析了原因，他妈妈说在家的时候教育他就比较抵触有时还会有暴力行为。他妈妈表示从自己身上找原因，和孩子深谈之后，一起改正，当然也找了心理医生疏导治疗，但效果不是特别明显。

总体来说，与孩子们的五年相处，和孩子们之间多了份默契。磨合得也越来越融洽了。所谓，人与人都是相互的，只要老师真心为孩子们，孩子们能感受到老师是爱他的孩子们之间是相互关爱的，所以很多时候真的是对人不对事，他们之间本来也就多了几分宽容和友谊，所以相同的事情也许在原来就会演变成一场恶性事件而现在也许就会在他们的宽容中嘻嘻哈哈地过去了。所以我今天交流的这个教育故事就是想说原来的对事不对人其实也不全对，有时对人不对事才是最恰当最因材施教的方法。这样在情感的感召下，孩子们才能在一个友爱和谐融洽的集体中生活学习。珍惜吧，最后一年的时光……

“1 元钱”的价值

李　冬

一个寻常的下午，我改完作业，端起茶杯刚喝了一口，就差点被冲进办公室的“小旋风”呛到：“报告李老师，小林和小刘打架了。”我放下杯子在心中默叹：这就是一名小学班主任的日常工作。然后和“小旋风”走向教室。

到教室一看，“战斗”已经结束，可“硝烟”尚未散尽，两个男生面红耳赤，怒目而视，分别被几个孩子拉住，周围桌椅乱成一团。我笑眯眯地问：“打完了？谁赢了？要不要换个地方继续分胜负？”两只剑拔弩张的“小公鸡”渐渐冷静下来。“走吧，咱们聊聊。”带着他们走回办公室，接下来就是班主任的套路了，时间、人物、地点，事情的起因、经过、结果，一五一十老实交代。这一交代，哟，还有“幕后操盘手”。

小王，小个子男生，头脑灵活，能言善辩，因小事和小刘发生冲突，无奈身高所限，“含恨败北”。于是“悬赏”1 元，请人帮忙。所谓“重赏之下必有勇夫”，身材高大的小林跳了出来，就有了开头的“战斗”。

从未想过“1 元钱”会带给我如此震撼，平日里我总喜欢告诉孩子们“办法总比困难多”，可谁又能想到，不过八九岁的孩子，居然会用如此“社会化”的方式来处理问题，现在的孩子好奇心正盛，模仿力又强，如果这件事没有得到妥善处理，这样的想法和做法散播开来，那班上不就成“金钱帝国”了吗？但转念一想，这未尝不是一个教育的契机，要是能借此机会，培养孩子们正确的价值观，那这“1 元钱”也就相当有价值了！

接下来几天，我白天和孩子们聊天，晚上闭关思考，希望能让这“1 元钱”发挥出更大的价值。

首先，与小王的父母面谈。王爸爸是一名经济律师，妈妈在外企工作，“金钱”是家里出现频率很高的词语。见惯了父母在职场上“叱咤风云”，久而久之，小王也就有了“金钱万能”的想法，并在遇到问题时，想到要用钱来解决。而家长对孩子的想法还一无所知。通过与家长近两小时的长谈，我们愉快地达成共识，家长在家注意区分工作和生活，有些话题尽量不要在孩子面前交流，多营造温馨和谐的家庭氛围，让孩子感受生活中的温暖。

其次，争取“同盟军”的支持。班级 QQ 群里，几个问题引发了大家的激烈讨论：“该不该让孩子接触金钱?”“孩子的零花钱应该如何管理?”“你喜欢用什么方式奖励孩子?”……众说纷纭，分析利弊，我也在其间不断“引经据典”，提出我的想法。最后大家达成一致，不能用成人世界中的一些做法影响孩子，确保了后续活动能更有效地开展。

最后，班主任的法宝——班会。围绕“金钱的作用”“金钱能买到什么”“寻找比金钱更宝贵的东西”等几方面，大家开展了课前调查、课堂讨论、课后小结。孩子们的积极性非常高，这群我平时眼中的“小不点”“小奶娃”对很多问题的看法，都有着超出我想象的高度。很快的，大家都认可，金钱很重要，是人们日常生活的必需品，但更多美好的事物是无法通过金钱换取的，亲情友情，自然美景，健康快乐……同学之间更应该以诚相待，友善相处。班会是成功的，效果是显著的，孩子们有所收获，这“1 元钱”，值!

这次事件让我深深体会到孩子不仅仅是学生，更是一名社会人，科技不断进步，各类信息光怪陆离，学校已不再是与世隔绝的“象牙塔”，各种社会现象越来越严重地影响孩子们建立正确的价值观。作为一名班主任，德育工作者，必须时时关注孩子，了解他们的所思所想，抓住身边的每“1 元钱”，挖掘现象背后的原因，找寻教育契机，建立孩子们正确的价值观。同时，作为教师，对社会的热门话题有所了解的同时，一定要坚持正确的价值取向，不被不正之风影响，为学生做好表率。

我只是一名普通的小学教师，但是“我教室里的每一个孩子，都是一个家庭的全世界”，教育路上，不忘初心，为祖国花朵们的健康成长保驾护航。

最智慧的生长

——绘本育德

刘姝兰

“总得有人去擦亮星星，它们看起来灰蒙蒙。总得有人去擦亮星星，因为那些八哥、海鸥和老鹰都抱怨星星又旧又生锈，想要个新的我们没有。所以还是带上水桶和抹布，总得有人去擦亮星星。”

——（美）谢尔·希尔弗斯坦

如果孩子是星星，那我们就是那个去擦亮星星的人，用我们的爱和智慧去擦亮每一颗星星。

我是一名班主任，喜欢给孩子们讲绘本故事，一年级时，刚入校的孩子，经常找我投诉：“刘老师，我的橡皮明明放文具盒里却不见了；刘老师，他借了我铅笔不还……”我常像福尔摩斯那样去破案，成了小朋友心中最机智的警官，最公平的法官。可长此以往不是办法，低年级小朋友物权意识差，随意“借用”别人东西，想着会还别人的，是小事情，可如果养成了这样的习惯就会变成大问题。为了解决这个问题，我想到了《大黄蜂自行车的故事》，它能让孩子们知道——“别人的东西不能拿”，以此开展诚信教育，渐渐地，因为这个问题告状的孩子少了，“诚信”的种子播撒进了孩子们的心田。

二年级时，总听孩子们抱怨：“爸爸对我太严厉了。妈妈总是念叨我。妈妈不爱我。”有家长反馈，孩子在面对大人的管教时不耐烦，而且还消极抵抗。于是我选取了绘本《我爸爸》上家校交流课，在分享交流中孩子们仿照作者安东尼·布朗夸自己的爸爸，妈妈。“我爸爸真的很棒！他长得像一座山那么高，我坐在他肩上，就算在人最多的动物园，我也能看到马戏表演。”“我妈妈真的很棒！她的手会变魔法，拿着锅铲能给我变出香喷喷的饭菜，拿着梳子就把我变成美丽的小公主。”……听着孩子们稚嫩的表达，在场的爸爸妈妈们或捧腹大笑，或感动得热泪盈眶，他（她）们也纷纷与孩子对话，表达自己对孩子的爱，爱的声音在教室里传递，爱的暖流在教室里流淌。

三年级时，有些孩子不会管理时间，不能按时完成作业，《艾瑞的烦恼》中的小艾瑞不就是孩子们的影子吗？于是班会课“时间小管家”诞生了。课上孩子们读艾瑞的故事，看到了那个曾经写作业时去喝杯水，上一趟厕所，调整一下桌椅……而浪费了时间的自己。在玩时间小游戏中感受到了一分钟的重要，在做计划中学会了怎样合理安排时间，这节课参加武侯区班主任技能大赛荣获一等奖，更重要的是通过这节课让孩子们认识了时间，有了管理时间的意识。

时间管理好了，情绪又出现了问题。有些同学因为一些鸡毛蒜皮的小事而生气，因为别人的一句话而难过不已。情绪小怪兽让他们的情绪变得乱糟糟，生活变得乱糟糟。于是，我又请绘本帮忙，选了《我不想生气》来教孩子们认识自己的情绪，书中那只生气的小兔子教孩子找到自己情绪的来源，教会了孩子们管理情绪，课后我又请美术老师指导他们画情绪，就这样我们班第一本有趣的绘本书诞生了。

一个个绘本故事唤醒了我和孩子们生命里蕴藏的神奇与美好，让我们的心灵日渐充盈起来。孩子们在一个个绘本故事中审视自己，发现自己，成长自己，这就是我的绘本治班之路。

在前滚翻教学中我遇到的一些有趣的事

刘　巍

前滚翻是体操运动的基础动作之一，同时也是小学体育教学中的一项重要内容，是小学生非常喜欢的一种垫上运动。它是复杂的技巧动作的基础，也是一种自我保护的方法。前滚翻的动作特点是要快、要稳；它是在掌握了基础的滚动动作之后进一步学习的技巧动作，提高了动作的难度。前滚翻做起来灵活、轻巧、连贯，符合小学生的身体特点，它有助于提高学生的柔韧性、协调性、灵活性，对于培养学生勇敢、顽强、团结拼搏的优良品质具有促进作用。

我会，我会，老师我会

“在上次课中我们进行了各种形式的滚动教学，同学们就前后滚动和左右滚动进行了练习，今天我们要进一步来学习前滚翻。有同学知道这个动作是怎么做的吗?”我在课前准备活动后，想对今天的学习内容进行一个初步摸底。“我会，我会……”全班有近一半的同学举起了手，跃跃欲试。好些孩子都会前滚翻的话，那就好教学了，可以适当地调整教学进度了。看来之前我的担心是多余的。上课前我考虑到一年级的学生在对前滚翻的技术动作的认识和理解上可能比较难，出于安全考虑，在教学进度方面需要放慢节奏，才能确保学生在安全的基础上掌握该项技术动作。“好，那请会做前滚翻的同学站老师这里来，给其他不会的同学做演示。”我想进一步看看这些说自己会前滚翻的孩子到底是个怎样的水平，但保护与帮助我肯定是要做的。一个、两个、三个……“会”的同学一个接着一个地演示着，有的没有蹲撑直接头着垫向前滚，被我及时地一把拉住，好危险！有的头顶触垫，整个人不是向前滚动，而是向上顶。这哪里是前滚翻呀！还有的直接滚出了体操垫外，是因为在滚翻的过程中两手支撑推垫的力量不均衡。演示的、观摩的同学们脸上都挂着笑容，看得出来他们都很高兴，对前滚翻的学习很有兴趣。只有我心里很紧张，我暗自感叹："幸好我没有完全相信他们的话，否则直接采用分组进行分层学练，那就太危险了。"对于技术动作是否真的掌握了，不是靠说，是靠做的。在课堂上同学们有这份自信和积极性是好的，但老师一定要在保障学生安全的基础上，采用合适的方法去印证、去实施教学，有效地促进技能的掌握。于是，我抓住学生们的兴趣点，进一步进行前滚翻合理的学练。在整节课中，没有调皮捣蛋的了，没有说话注意力不集中的了，同学们眼睛睁得大大的仔细看老师示范，小耳朵竖起来认真听老师讲解，在老师的组织下进行有序的学练。

学生有趣的举动——撅着屁股看天，提示了我

在一年级进行前滚翻教学时，为了让学生团身滚动圆滑，我采用了让学生下颌紧贴脖颈，滚动时枕骨先着垫的方法。在一次课中，学生按照要求正练习着，突然听到一个男孩大声叫喊起来："噢！我看见蓝天咯！"寻声望去，小凯正撅着屁股看天。看他顽皮的样子，全班同学哄堂大笑。此时，我的心怦然一动：他的动作不正好解决了前滚翻滚动时低头，用后脑勺触垫的难点吗？我顺势引导全班同学模仿，片刻，操场上撅起了一片小屁股，屁股下面洋溢着张张笑脸，小嘴还不停地喊着："我也看到蓝天了！"学生们兴趣盎然，练习的效率大大提高了。

在前滚翻教学中，如何解决低头团身的问题，我在教学中下了很多功夫，想了很多辅助手段来帮助教学，最终也能完成教学任务，但那些都是教师根据教学经验设计出来的"教法"和"学法"，让学生适应教师的教，配合教师的教，让所有学生跟着教学步骤走，多了一些"框"，少了一些"放"。缺乏了学生的主动性学习，创造思维。而在这节课上学生们在宽松、自由的学习氛围中，通过自由地想，自由地说，自主地练，尽情表述自己的观点，展示自己的动作，师生相互启发，"创造"出"撅着屁股看天"的新"玩"法，在"玩"中去体会前滚翻的技术要领，迅速掌握其动作要领，轻松愉快地完成了教学任务。

教师要善于发现，及时了解学生在学习中可能出现的教学"意外"，适时适当地给予引导，有效地调控教学，"以生为本"，充分利用课堂生成的教学资源进行教学，达到更好的教学效果，让学生思维放开，自由创造。

字典回来了

李虹霞

昨天，是星期日，我让孩子们自己去书店选购字典。今天一到学校，孩子们买来的字典就已经摆放在了桌子上，每个孩子都对自己的字典爱不释手。朝会结束了，孩子们纷纷离开教室，上厕所去了，我也离开了教室。

上课铃重新响起，我回到了教室，这时一个叫小雨的孩子，怯生生地举起了小手，满脸委屈地告诉我，她的字典没有了，刚刚还放在桌子上，可是上完厕所回来就已经不见了。怎么办？看看孩子，我心中一下明白了，肯定是哪个孩子周末回家忘了买字典。因上课马上就会用，于是随手就拿了同学的。我没有多问什么？只是把我手中的字典递给了那个女孩，让她坐下，开始了上课。下课时我对着全班孩子说："同学们，有人借用了小雨的字典，下课时别忘了还给她，下一次你再忘了带字典时，可以到办公室来找我借，老师一定会借给你的。"说完，我不露声色地离开了，我在等待，等待孩子的自悟。同时我也很理解，理解孩子对没按我的要求去做导致的错误行为而产生的焦虑。这一行为的背后不是恶意也非恶习，是我们教师要用艺术的手段去帮助解决的小问题。

果然，第二节课快上课的时候，小雨高兴地跑了进来，笑眯眯地告诉我："老师，字典回来了，是梦玥还给我的，梦玥还告诉我她悄悄借用了一下忘记归还了，对不起。"听完孩子的话我笑了！我知道孩子心里已经完全明白了自己的错，我无须多说什么。如果这时我再去说一些不适当的话，就会伤害孩子。其实，在成人眼中的小事，在孩子的心中可能是一件大事，教育也需要自悟，需要期待与等待。

中午，我找到梦玥，和平时一样摸了摸孩子的小脸，和她说了会儿话，又和平时一样笑了笑。一如平常一般，没有什么不同，相信孩子忐忑的心情，此时已经平复。

在教育中，我们时常会碰到这样的事情。教师在处理时的不慎会深深地伤害孩子幼小的心灵。老师在处理这一事件时，采用了极其平和的方式。事先对孩子的心理进行了深入的分析，知道孩子之所以会拿别人东西的原因是希望不被老师批评，心中是希望躲过这场批评。从这一现象分析这孩子本身就较为胆小，同时也反映出老师在学生的心目中有较高的威信。孩子不是故意也没有恶习。如果教师在这时较为急躁的批评孩子，或是当着全班孩子的面非得查出是谁就会适得其反。所以，给孩子留下颜面，留下空间，是最好的教育。

“爱”是最美的语言

李　玫

每一个生命降临人间都是带着父母的爱，每一个人都渴望“爱”与“被爱”，都希望自己成为讨人喜欢的人。“如果我们发现别人——他们用我们仅在想象中曾努力用以观察自己品质和行为的那种眼光来观察他们——以与我们曾经用过的完全相同的眼光来察看他们时，就会大大地坚定这种愉快和满足之情。他们的赞成必然坚定我们的自我赞成。他们的赞扬必然加强我们对自己值得赞扬的感觉。”（亚当·斯密《道德情操论》）

作为一名小学班主任，我认为没有爱就没有教育。教育的过程如果没有情感的投入，没有爱的发生，如同池塘没有活水一般，一潭死水，毫无波澜。因此，在十多年的小学语文教学工作中，我始终坚持不但要上好每一堂课，还要妥善处理每一位学生出现的各种问题，因为每一个孩子都是独一无二的。L就是这样一个令我格外关注的学生。

L在新生入学的第一天就给我留下了极其深刻的印象——他对从老师这里获得的“小红花”似乎不感兴趣，居然在我递给他红花时，对我说：“我不要。”从此，这个孩子出现在大家面前常常是这样的样子——上课满地到处爬，浑身脏兮兮地向其他同学丢垃圾，甚至将学校主席台上的瓷砖片都抠了下来……每个老师提到他，总是皱着眉头、叹息着。在屡次教育无效的情况下，我把他找来，认真地进行了一次沟通。当我问他：“为什么要这样做？”L的回答令我吃惊：“第一朵小红花你没有发给我，其他的小红花没有任何意义，所以我不要；我到处爬、干坏事，别人才会关注我。”孩子的理由如此铿锵而简单，在了解之后，我豁然开朗。

著名心理学家马斯洛认为：人的心理需求有很多层次，除了基本的生理需求，还包括安全、爱与归属、被人尊重、自我实现等。其中，自我实现的需求是最高层次的需要，它是指实现个人理想抱负，发挥个人的能力到最大程度以达到自我实现境界。只有人的需求得到满足才会感到快乐，而自我实现的需要是在努力实现自己的愿望，使自己努力成为自己所期望的人物。由此看来，L之所以会屡次违反纪律，只是源于“渴望被关注”的心理需求。因此，在公平的原则基础上，我采取“对症下药”的方式，帮助L努力实现自己的潜力，尽量让他的心理需求得到满足，并在学校生活中享受到快乐。

看到他因为无视纪律而受到批评，看到他因为缺乏自律而愈发散漫，作为“班妈妈”，我觉得不能再任其发展下去，但又无计可施。在看到L又一次伸出沾满墨水的手把作业递给我时，我把手搭在他的肩膀上，带着他离开了办公室。坐在走廊的椅子上，我故意和他保持一段距离，然后对他说：“你看，小伙子，你长大了，越来越帅，如果把脸洗干净，大家就可以看到你白白的脸庞和漂亮的眼睛了！”听到这里，他害羞地低下了头。我接着说：“本来我想紧挨着你坐的，可是才上完课，我的身上有很多粉笔灰，怕把你身上弄脏，所以离你远了一些。”他居然凑了过来，说了一句“没关系”。然后马上弹开，说：“喔，我身上有墨水。”这以后，聪明的L努力保持着整洁，这对于习惯在地上打滚的他来说是多么不容易呀！每当他换了一件衣服到校后，我总会对他说：“这件衣服真干净，穿在你身上又整洁又好看。”慢慢地，出现在大家眼前的L越来越干净了……

升入四年级，孩子们终于有了当校园“110”的机会，这可是至高无上的荣誉——穿着“警察”制服，神气地在校园的各个岗位上执勤、打分，在校门口迎接每一位到校的老师、同学，站在主席台上主持集体朝会，在国旗下带领全校同学庄严宣誓……最关键的是——穿上“110”制服的一定是班上最能干的孩子，投来的都是同学们羡慕的眼光。所以，这是一个契机——能否借此满足L“被关注、被赞扬”的心理需求呢？在全班同学面前，我宣布：“还有两周，我们班就会有36位同学成为执勤队员，光荣地承担各项任务。其中，我要在班上选一名同学承担国旗下宣誓的任务。这位同学不一定是班上表现最好的，但一定是这两周进步最大的同学。”说这句话的时候，我的目光始终落在L身上，从他的眼中我能看到热切的渴望。课后，我拍拍他的肩膀说：“我觉得你最有可能，只要这两周不违反课堂纪律，坐在自己的位置上就行了。”他不住地点头。接下去的两周，我紧张而又激动地等待着……漫长的两周终于过去了，L在课堂上的“风平浪静”让上课的老师觉得吃惊，让班上的同学刮目相看。在全班同学的投票支持下，他精神饱满地站在了国旗台上，举起右拳，带领全校一千多名同学庄严宣誓：“老师们、同学们：大家好！今天由我带领大家在国旗下宣誓……好孩子、好学生、好公民……”看到他激动不已地走下升旗台向我奔来，我向他竖起了大拇指！

有了好的开始，关键是接下来的“坚持”。在他顺利完成“国旗下领誓”的任务时，我邀请L的妈妈为他照相留念，回到班上，还让同学们为他的表现鼓掌。从大家积极的行为当中，他完全能感受到得到“赞扬”的快乐，这是一种非常真切的情感体验！从那以后，以前那个浑身是刺的小刺猬不见了，出现在大家面前的是满脸阳光的L。他会来到办公室门口，等待着给遇见的每一位老师主动问好。我将老师们对他的表扬及时转达给他，甚至会“夸大”地传递给他：“××老师说，你是我们班最懂礼貌的孩子。”“××老师说，今天你在课堂上发言非常精彩。”……当他情况有反复的时候，我会皱着眉头说：“听到××老师说你调皮了，我觉得伤心了。”“我还是希望看到前几天那个穿戴整洁的小伙子！”通过这些语言，其实是在传递我对他的爱，让他知道老师时刻关注着他，关心他的进步，担心他的退步。孩子的心是细腻的，他能够体会到老师给予的爱——无形但感人；孩子的心是纯真的，他会在他的行动中表达爱：秋游时，他会悄悄塞给我一袋小小的零食；劳动课后，他会将亲手完成的手工作品送给我……每当这个时候，我便会带着异常惊喜的神情欣然接受，我要让他知道——他的爱，老师感受到了，并且乐于接受。这样一个具备“爱的能力”的孩子，他在融洽的师生关系中体验到了“被接纳”，也开始接纳周围人对他的各种评价。

看着现在的L——一个充满朝气、对学习保持高度热情的孩子，我满怀幸福。虽然，在他未来成长的道路上，可能还会出现各种问题；在我以后的教育工作中，也还会遇到各种各样的“问题”学生。但我坚信：“爱”是最美的语言！只要满怀期待，用爱意去温暖心灵，用深情去灌溉每一颗心灵，相信我将收获更多的幸福！

以心换心　真诚相待

文宣尹

睿，有一个幸福的家庭，爸爸事业有成，妈妈专职在家陪伴他，因为家庭的溺爱，睿从小就随心所欲，进入小学后不久便成为全校公认的“淘气鬼”。他高高的个头，由于贪吃长得很胖。他好动，上课总是坐不住，不是大吼大叫就是躲在下面看课外书或是懒洋洋地趴着睡觉。让人印象最深刻的一幕就是放学后，他飞奔出校门，扑进奶奶的怀抱，一把抓过奶奶带来的面包或蛋糕，开开心心塞进嘴里。

睿对班级的事情较冷淡，总觉得和自己没有什么关系，总是懒懒地待在座位上。学习上缺乏一种向上的劲头，过得去就可以了。他特别喜欢看书，小小年纪看了不少书，这也让他的思想比同龄孩子成熟，心里经常藏着许多鬼点子，不像别的男孩那样心无杂念、单纯质朴。而他认为身边的同学们都太幼稚了，根本看不起大家，更别说和大家一起玩一起学习了。

由于他的贪吃、他的好动、他的特别和对班级的冷淡，我总感觉自己无法发自内心地向对其他孩子那样喜欢他欣赏他，而他似乎也总是和我有些距离，和别的同学也有一些距离。

二年级下学期，我们班改选班委。这是个好机会，可以让睿多历练历练，为班级出点力，至少不用天天懒洋洋地待在座位上呀。私下里，我先帮他做了做大家的工作，懂事的孩子们都愿意给他这个机会。改选采用无记名投票的方法，结果睿得票挺高。在公布结果时，睿依然漫不经心地在下面看着他的课外书。听到结果，他竟挺直了腰杆，第一次用最标准的姿态坐在座位上，一双眼睛炯炯有神地盯着我。就这样，他成了我们班的体育委员。课后，我笑着对他说，当了体育委员要多锻炼锻炼身体，不要长得太胖。他激动地马上要跑给我看。三分钟热情后，对待班级的工作，睿更多的是在一种不冷不热的状态中履行着自己的职责，有些事情总是我在后面不断督促才得以进行。

“六一”前夕，班级评选班级之星。采用大家提名，然后举手表决的方式。

记得评选刚开始时，我先提了几个同学的名字，说这几个同学平时表现不错。话还没说完，睿就在底下大叫起来：“老师，是你选还是我们选？”一下子，教室静得出奇。他敢公开地怼老师，别的孩子都惊呆了。我也没有想到他会这样说，我心里有些生气，但是还是平静地解释道：“睿，以前我们评选各项优秀不都是大家举手表决的吗？哪一项又是我自己一人决定的？我只是想说明这几个同学平时表现好，并没有说就是他们了呀。”睿还是不服气，依然不依不饶：“你是老师，怎么说都是有理的，你不知道，你的话对大家有很大的影响力吗？你就是喜欢成绩好的。”我没有再说什么，评选继续进行。因为这件事我们之间又悄悄地产生了一些隔阂。

“你就是喜欢成绩好的。”这句话一直在我耳边萦绕。后来，我仔细想了想睿的问题，我觉得自己做得的确不够好。我问自己：是因为睿不会被关爱打动还是我根本就没有对睿付出真诚的关爱？作为老师我包容了睿的一些做法了吗？我又为睿做了哪些具体的帮助？睿身上的优点我欣赏到了吗？我是不是放大了睿身上的缺点？对于睿的工作我给予了及时的表扬与指导了吗？我让睿感受到了来自老师的关爱了吗？

一次偶然的机会，我了解到：以前，睿的父亲事业有成，妈妈一直在家陪伴睿，一家人幸福美满。睿的父亲在一次事故中意外身亡，一家人受到了沉重的打击。对于睿的妈妈来说，失去了家庭中的顶梁柱，生活的压力很大。无形中，睿的妈妈的脾气变坏了，常常对儿子发火。渐渐地，睿也变得脾气倔了，除了看书，对什么事情都很冷淡，完全沉浸在自己的世界里。

多可怜的孩子，在家里得不到温暖，在学校也得不到关爱。我难道没有责任吗？

几天后是睿的生日，全班同学一起为他唱响了生日歌，点亮了生日蜡烛。他头也不抬，什么也没说，只是大口大口地吃着生日蛋糕。我有点失落，“他怎么都没有一丝感动呢？”

第二天，我在抽屉里发现了一张小纸条：“老师，我已经两年没过过生日了，谢谢您！”他不是不感动，只是不知道该如何表达。

我和睿约定，有什么事情，我们就用小纸条来传递信息。从最开始的相互提意见，到后来的相互想办法出主意，睿和我之间的距离慢慢拉近了。在平时，我们像朋友一样交谈，我帮他解决难题，教他如何劝解妈妈，为妈妈分担。渐渐地，睿变得懂事了，愿意为大家服务，上课也认真多了。

有一次，我脚扭了，他跑前跑后地帮我拿东西，帮我到食堂打饭，不时地问：“老师，还有什么需要帮忙的吗？”

在老师和学生之间出现误会与不和谐的音符时，主动缓解彼此关系的应该是老师。传统的师生关系决定老师处于强势，学生处于弱势，学生不会主动接近老师来缓和气氛，只有老师来主动接近学生。

我们应该关注的不单是眼中的几个好学生，而是你眼前所有的学生。因为人各有所长，作为教师的我们，应去关爱每个学生的个性、思维、感情、人格等方面的交流和变化，使其在自身的基础上，最大限度地发挥其潜能。我们应该承认并尊重学生的“个性差异”，要用学生的眼光去看他们，用学生的耳朵去听他们，用学生的心去体会他们。我相信，以心换心，真诚相待，孩子们总能感受到你的爱。

宽容的力量

陈　欣

9 月 1 日是开学的第一天，烈日当空，上午第四节是体育课，随着上课铃声的响起，我作为体育教师早早地站在上课预定的场地上等待同学们的到来。

随着体育委员强劲有力的口令，整个队伍不一会就集合好。体育委员跑步过来大声地报告，“报告老师，本班应到四十四人，实到四十人。有四人缺席，请老师上课”。听到这儿，我立刻明白了，一定是那四位学校的“名人”没有到。他们依仗自己“身强力壮”，又是校足球队的队员，经常惹是生非，常常受到全校师生的关注，只是以前我没有教过他们。“今天是我的第一堂课，等会儿他们来了一定先给个下马威，否则以后课的效果就不堪设想了，”我暗自下定决心。随着时间一分一秒地流逝，我开始了本节课的教学。

上课二十几分钟后，四个“调皮鬼”才大摇大摆地出现在我的面前，看到这一场景，我立即想停下来去“教训”他们。但是就在那一刹那，我的头脑中突然一“亮”，脱口而出让他们“归队”。就这样，他们仅彼此看了看，一副若无其事的样子进入了队列。这种行为仿佛在向我宣战，哼！谁买你的账！

时间过得真快，不一会儿。时钟指向了 11 点 10 分，我知道再过十分钟就要下课了，我思量了一下，发出整队集合口令，瞬间四列队伍排到我的面前。我特意用一种“异样”的眼光扫了一下四个“调皮鬼”继而说：“你们四个刚才到哪儿去了，为何上课迟到?”“啊，我们四个在上厕所。”其中一个回答说道。话音刚落，我就听见班上的一女生小声说：“根本就没有上厕所，在教室里打纸牌。”听到这儿，我眨了眨眼睛，假装没有听见那位女生的话，宽容地说：“呵呵，原来是这样，人有三急嘛！老师相信你们。对了，课前还听你们的班主任说这几位同学今天有点儿闹肚子，同学们，他们几个可是‘运动健将’，在去年的区足球运动会上他们代表学校参加足球比赛，还拿过第四名哦。”我在队伍前面边走边说：“英国有个作家萨克雷说的好‘播种行为，可以收获习惯；播种习惯，可以收获性格；播种性格，可以收获命运。’作为新时代的学生应当表现出应有的素养。过去有人嘲笑搞体育的人‘头脑简单，四肢发达’。这绝对是一种偏见，是胡说八道！这四位同学也许以后能在国际赛场中让五星红旗在国歌的伴奏下一次又一次升起呢！不过天上也不会掉下馅饼，这要靠平时的千锤百炼，更要靠良好的道德修养和遵规守纪做基础，我相信，他们的未来一定不是梦!”听到这，他们终于羞愧地低下头。

从那以后，我时不时地听到有人议论着“四大天王”变了许多……

诚然，宽容地对待学生的“谎言”并非是什么灵丹妙药，但它有时的确可以产生一种美丽的效果!

与孩子共成长

张　潇

大脑里像电影回放一样，把我拉回到 4 年前那个夏天。

2015 年，我公招来到了龙小，报到后，学校就组织了新教师岗前培训，几位资深教师和我们分享了他们宝贵的教育经验，当时我无比憧憬走进教室，现在回想起来，有点“初生牛犊不怕虎”的感觉！我说说我印象最深刻的两件事情吧。

糟糕的第一课

工作环境的变化，教学对象不同（由初中生变成了小学生），很多教学方法就失灵了。带着点小骄傲与无知到了龙小，想象着教小学生是多么简单的事情啊：“不就是一群小不点儿，有什么困难的。”结果第一节课就“槽”了，完全“抓”不住他们。比如教学口令，以前教中学没有什么“123，请坐端，小眼睛，看老师”什么的，完全不知道，当时只会一个劲地说：安静，安静!!! 小朋友们根本不会理你，自己非常失落。其实，上课之前组长是问过我：“需要我们来帮你看看吗?”我自信地拒绝了，盲目的以为自己可以！就是这个自以为是，使得最初几节课上得特别的累。一两周后，组上老师们和教导处唐主任说要来听课。天哪，怎么办？自己开始准备起来，备课、做 PPT、DIY 教具等，结果课上一半就被请下来了，因为张蓉老师简直看不下去如此混乱的课堂，我上我的，学生玩自己的，我全程没有关注学生，后半节课是张蓉老师上给我看，然后我再模仿着上一次。课后，进行评课肯定是被批评惨了，他们告诉我，“你想要上好一堂课，首先要学会组织教学，要能抓住学生。低段学生，本来天性好动活泼，你的教学设计就应该有一些课前律动等。”

后来，听了其他老师很多节课后，我知道了，有了黑板上的评价笑脸，老师口中的 123，还有我们手上的节奏，就能轻松“抓”住了孩子们。而这些，可能是我们新老师所不知道的，所以我分享给你。在吸取之前的经验教训后，我只要没课，就乖乖地坐在其他老师的课堂里，让自己当学生一样去感受课堂。综上，反思一下，就是说：不要盲目自信，多看多学是关键，课前，找师父多问问。要想提高自己的教学能力，要从上好平时的每一节课做起，并反思总结。

赛课总动员

顺利度过大半学期后，我的教学生涯迎来了第一个挑战——赛课。通过校说课选拔、区说课比赛、区赛课、最后重重突围到了现场教学比赛，你们能想象在小学待了不到一学期，在大家的帮助下，获得了成都市音乐赛课的一等奖吗？我也不信！但是，这就发生在我身上了。果说，说课是纸上谈兵，那赛课就是付诸实践了。备课时，为了一个教学设计、一个导入，甚至一句话、一个手势，大家都会给你提出几十条意见，当把这些意见融入你的课，你的课就又上了一个台阶，这样的过程相当痛苦，一份教案会改二三十遍，赛前试讲也是很多次，无数个凌晨一两点，无数个推翻又重来，无数次崩溃大哭后擦干眼泪再战斗，但最后是自己又得到了提升。有这样的团队在背后支持着你，意味着你离成功不远了。虽然，最后没有冲到省上去，但是，我不遗憾，因为我经历了。之后，张姐姐她们还安慰我："没关系，你还年轻，有机会。"是的，这个结果我很满意，但是一定不能满足！要有一颗向远方的心。综上，反思一下，就是说，不要怀疑自己的潜力，要敢于去尝试，敢于去创造，抓住每次机会，成功与否都是一笔财富。

通过这次比赛，重新认识了自己，知道自己的差距，大家帮助我填补我的不足，这是团队的力量，所以遇到困难到学会求助也是很有必要的，不要害怕被批评，只有这样才会少走弯路，经历过才会在之后的教学中多关注别人的优点，改进自己的不足。这是我和大家分享的第二个心得。

回头看，我已经工作 7 年了，在许多前辈面前，7 年的工作经历太短暂了。是的，我还年轻，回顾一个年轻音乐教师的 7 年成长经历，我有过期望、有过慌张；有过茫然的痛苦，更有过成功后的喜悦。但是无论什么时候，我都坚持一个原则：无论身在何处，认真做好每一件事是必须的，心向远方，路在脚下，脚踏实地才能走好人生的路！

面对孩子的喜爱和老师们的表扬，我想说："其实这也是对我的锻炼，我和孩子一起在成长。"

遇见一只小蜗牛

周丽嘉

你一定记得台大教授张文亮先生的那篇《牵着一只蜗牛去散步》——上帝给我一个任务，叫我牵一只蜗牛去散步。我不能走太快，蜗牛已经尽力爬，为何每次总是爬那么一点点？我催它，我唬它，我责备它，蜗牛用抱歉的眼光看着我，仿佛说："人家已经尽力了嘛！"我拉它，我扯它，甚至想踢它，蜗牛受了伤，它流着汗，喘着气，往前爬……真奇怪，为什么上帝叫我牵一只蜗牛去散步……"

新的学期新的班级，未曾想我邂逅了一只"小蜗牛"。

那是四年级的一个班，开学第一周中的一天，刚下课，教室外一位女士叫住了我："周老师，我是刘＊＊的妈妈，想和您交流两句，请问您有空吗？"她一定已等候多时，合身的连衣裙优雅精致，但脸上写满了忐忑。我笑着把她让进办公室，她一开口就叹气："周老师，您不知道，我家小朋友英语可差劲。！"噼里啪啦说了一大堆，都是说小孩语言学习有多么多么困难，英语学习如何一塌糊涂，我赶紧安慰道："没事没事，这不才开学吗，孩子也才四年级，我们一起想办法帮助他，一定会有进步的。"

送走了这位焦虑的妈妈，我翻开小刘同学的作业本，简单的几个单词抄写作业，被他写得歪歪扭扭，几乎无法分辨。我不禁摇摇头。接下来的日子里，我暗自观察，每一节英语课小刘都端坐着，跟读时结结巴巴，好似嘴里始终含着一颗水果糖；提问，从来都是耷拉着眼睛生怕一对视我就会请他回答问题；英语游戏，兴致勃勃地观看，欢笑点头，却从不举手参与；分组比赛，小脸憋得通红，生怕为小组丢脸……就这样时间一天天过去，第一次课堂英语单词听写，小刘几乎给我交了白卷。

放学送学生出校门时，远远看到小刘的妈妈向我招手。她咬着嘴唇，不安地问我："周老师，小刘今天英语听写很不好吧？"我说出听写结果，她几乎都要哭出声来："周老师怎么办呀？我天天都在家里守着他听读背诵，好不容易背到的，转身就能给忘了……”我忙说：“不急不急，小刘妈妈，小刘的学习态度是很端正的，你们课外督促辅导也非常用心，只是进展比别的同学要慢一点，别灰心，我们一起面对，一起努力!”

我回到办公室，心里一遍遍回味着小刘英语课上的吃力和小刘妈妈的无助，我真真切切地感受到了，我，遇见了一只小蜗牛——“上帝给我一个任务，叫我牵一只蜗牛去散步。我不能走太快，蜗牛已经尽力爬了，为何每次总是爬那么一点点?”

怎么让小蜗牛能爬得快一点呢?往后的日子，我给小蜗牛定制了一套专属他的学习套餐：上英语课吃力，是因为他以前学的东西很多都还没有掌握，不能再十全大补，只能帮助他先慢慢消化，于是和将一份“我加油，我快乐”的英语学习私人定制单放在了小刘的书包里，妈妈负责在家督促复习，小刘每天按要求到我这儿打卡复习老课的知识；新课的知识学习也不能放松，每节英语课我都把小刘调到第一排，让他能更好地听清老师的发音，模仿学习；每一次听写前让他先到我这儿听写过关，再参加全班的统一听写，小刘逐步找到了学习的信心……

慢慢地，小蜗牛越爬越快了！随着对旧有知识的不断巩固，词汇量的增多，小刘的英语学习越来越轻松，上课的时候依然端坐，但再也不躲避我的眼神，小手开始慢慢高举，参加各类课堂活动。期末英语测试中，小刘破天荒地跨过了九十分大关。“我闻到花香，原来这边还有个花园，我感到微风，原来夜里的微风这么温柔。慢着！我听到鸟叫，我听到虫鸣。我看到满天的星斗多亮丽!”

作为老师，我们都希望自己遇到的每一位学生都天资聪颖、乖巧可爱，让我们的教学省心省力，然而，总会有一个个的小刘，他们在学习、成长的道路上磕磕绊绊、东倒西歪，是的，他们就是一只只的小蜗牛，没有蝴蝶的缤纷美丽，没有豹子的矫健敏捷，没有百灵鸟的美妙歌喉，他们只是普通得不能再普通的小蜗牛，他们，更需要我们耐心、悉心、真心的陪伴与支持!

处处留心皆教育

——从一次自我介绍说起

朱 丹

“我们换数学老师啦，我们换数学老师啦！”刚开学报到，班里要换数学老师的消息便在孩子们中传开了。“新老师什么样?”“有没有原来的数学老师好?”……孩子们怀着好奇心猜测着。我忙把数学老师请来，“哇，是个男老师！”“好年轻哦！”大家你一言我一语地说开了。我立即向同学们介绍了教数学的李老师，并请他给同学们讲了讲自己的教学要求，大家都热烈鼓掌表示欢迎。

见孩子们这么激动，我又接着说：“既然大家都认识了新老师，也让老师认识一下大家，好吗?”“怎么认识呢?”“就做自我介绍吧。想办法在最短的时间内，让李老师记住你。”我提议，“注意介绍要有特点哟！”我又补充了一句。

一个孩子举手了，我一看，是平时班里作文水平较高的一个学生，心想：由她开始，定能起到抛砖引玉的作用。果不其然，那个孩子说道：“李老师，您好！我是薛阳荻，欢迎您成为我们的数学老师。我十分喜欢数学，愿意在您的帮助下提高数学成绩。”

又一个孩子站起来了：“李老师，我叫胡倩然。虽然我的数学成绩不怎么好，但我愿意努力学习，给您一个好印象。”

“李老师，我喜欢体育运动，爱踢球，爱打乒乓球。课间时，您能和我们一起活动吗？记住，我叫陈玉龙。”

……

一个又一个的孩子站起来，用各自不同的方式向新老师介绍自己，我在一旁会心地笑了：多好的一次口语交际练习呀！有时，教学就是在这些看似不经意的过程中进行的。

新老师离开教室了，孩子们还在热烈地议论着。我趁热打铁：“刚才的自我介绍，每个同学都有得有失。想想自己得到了什么，又失去了什么?”教室里安静下来，孩子们沉思着。他们不理解，向老师介绍了自己，怎么还会有所失呢？

“我得到了一次锻炼口头表达能力的机会，但失去了第一个站起来介绍的机会，因为我是第二个介绍的。”一个孩子说。

“对，这是她的得失。”我肯定道，“你们的得与失呢？”

立即有人接着说：“我得到了一次大胆发言的机会，但是，我的发言不太精彩，李老师可能没有记住我的名字。”

我立刻在黑板上写下“创新”二字，孩子们好像悟到了其中的含义，纷纷举手说“我的介绍不新颖”“我的内容和别人的大同小异”“我思考的时间不够，但有勇气说，还是进步了。”

“那给足时间思考，能给李老师做一次更好的自我介绍吗？”我问。“能！”全班异口同声地回答。

“好，就把介绍写下来，给李老师看，好吗？”“好！”又是一次整齐的回答。

那天，孩子们真的交来了关于这次自我介绍的习作，既真实，又有创意，使我不禁回想起一些尘封的记忆。

记得孩子们刚入学时，我便教他们诵读“翩翩少年郎，骑马上学堂。先生嫌我小，肚内有文章”。让他们从诗中感受做“翩翩少年郎”的光荣与自豪。没想到许多孩子回家后纷纷缠着父母教读古诗，还骄傲地宣布自己要做个“肚内有文章的少年郎”。一首古诗竟能激发起孩子们浓厚的学习兴趣以及对诗歌的喜爱，这是我始料不及的。于是我利用孩子们的激情，鼓励他们利用课余时间收集自己喜爱的诗词，在全班交流、诵读。

几个星期以后，我欣喜地发现每一个孩子至少能背诵8首古诗了。这对我是个不小的鼓励——一次不经意的古诗教学，就能延伸出一系列的活动，既培养了学生的记忆力，又调动了他们的学习主动性，还能为语文课堂教学提供一定的基础知识，何乐而不为呢？

那年秋天，窗外的梧桐树叶纷纷飘落下来。课外活动时，我带领孩子们在校园中找秋天。有的孩子拾来了菊花瓣；有的孩子找到了黄澄澄的小金橘；有的孩子轻抚着发黄的小草；有的孩子感慨骄阳不再似火；还有的孩子从人们的衣着上找到了秋天，因为大家都穿上了暖和的毛衣，系上了围巾。语文课上，他们写下了小短文，小短句，描绘了自己找秋天的情形：“我看到风婆婆轻轻一吹，黄树叶就从树上飘下来，像一只只蝴蝶在空中飞舞，可好看啦。秋天到了，还能看到‘黄蝴蝶’，我真高兴！”“老师说校园里到处有秋天，可我找到了冬的影子。因为在墙角，一只只的小蚂蚁正来来回回地搬运食物呢。它们一定是在为过冬准备粮食。”这一句句充满童趣的语言感动着我，让我有理由相信学生在活动中既能培养观察力，又能受到启迪，还能提高语言表达能力。

我总在想：只要留心，语文教学无处不在啊！

失而复得的“惊喜”

罗　秀

有人说：“教育就是一段诗意的旅行”，但作为班主任的我，也无时无刻不在“打怪”。其中一种“怪”，尤为常见，那就是孩子出于各种心理悄悄“保管”别人的物品。

这不，刚入学不久，就陆陆续续有孩子反映橡皮、铅笔等物品神秘“失踪”了，这其中，有相当一部分是用完就丢，掉在了地上，被送到“失物招领处”了，也有一部分失主不约而同地指向一个小女孩——悠悠，表示看到她在使用自己的东西。

据我了解，悠悠的父母工作很忙，平时都是爷爷奶奶带着她，宠爱有加，要什么给什么，平时铅笔盒里总有满满当当的文具，还时不时带些小零食到学校。她周围的许多小朋友都说自己有些文具、小奖品到了她的抽屉，她还不承认，直到别人指出特品的特征，她才很不情愿地说是自己捡的。

教育学家卢梭曾说：“要尊重儿童，不要急于对他做出或好或坏的评判。”孩子是一朵还未绽放的花，他们的心理还不健全，所以，我不愿意给悠悠的行为定性。于是，我把悠悠单独找来，一起坐在彩虹凳上，促膝“闲聊”。不一会儿，悠悠承认自己“保管”了同学的东西，并保证全部归还，以后再也不这样做了。我拉着悠悠的手，半开玩笑地说：“这只手手不乖，现在咱们让它乖起来，好吗?”悠悠郑重地点了点头。

原以为事情到这就愉快地结束了，没想到，好景不长，没过多久，悠悠周围同学的东西又出现在了她的书包里。

先前的动之以情，晓以利害，都没抵过行为反复。虽然有些伤心，但我知道这对孩子而言，太正常不过了，只是这一次，得想一个让悠悠印象深刻的办法。

正巧，课间去班上的时候，数学老师在发这段时间的学习小“惊喜”，悠悠眉开眼笑地看着我，手里拿着三份“惊喜”！我赶紧抱抱悠悠，笑着说道：

“悠悠真能干！”

悠悠心满意足地回到位置上，随手把“惊喜”放在了桌上，转过身去和同学玩了……

第二个课间，悠悠闷闷不乐地来办公室找我，说“惊喜”全都不见了。

我关心地问道：“真的吗？”

悠悠点了点头，眼里闪烁着晶莹的泪光。

我又追问：“好不容易挣来的‘惊喜’，是老师的爱和奖励，现在却不见了，是不是很难过啊？”

悠悠更加难受了。

我再次抱了抱悠悠，故作神秘地说：“别人的东西不见了，是不是也会很难过啊？”

悠悠有些恍然了。

“没关系，‘惊喜’也许长腿跑了呢，说不准，什么时候它就回来了，比如这只小手手真的乖起来的时候呢。”

聪明伶俐的悠悠瞬间秒懂，又有些半信半疑，丢失的“惊喜”真的会失而复得吗？

第二天，悠悠写字的时候有几个字写得很用心，我佯作不经意地表扬道：“悠悠今天的手儿真乖，字宝宝写得好漂亮！”悠悠听了很高兴，更令她惊奇的是，下课后她发现自己丢失的一份“惊喜”回到了抽屉里。

又过了几天，我发现悠悠上课时坐得端端正正，还多次举手回答问题，就在班上说：“最近悠悠进步很大呀，尤其是小手管得特别好，老师最喜欢看她举手回答问题的样儿喽。”这一天，悠悠又在自己的抽屉找到了自己丢失的一份“惊喜”！

二十多天后的一个课间，悠悠主动帮我拿东西，和我一起回到办公室时，一眼瞧见她的第三份“惊喜”正端端正正躺在我的办公桌上。“哇，这是哪来的呢？”我好奇地问道。

“老师……这好像是我的……‘惊喜’……”悠悠兴奋又不好意思地小声说道。

“哦，我知道了，‘惊喜’听小朋友们说悠悠现在小手很乖，就特地跑到老师这里，让老师再好好夸夸你啊！”

“嗯！”悠悠激动地点点头。

“那以后悠悠能像这段时间这样管好自己的手手，保管好属于自己的东西吗？”

“能!”这一次，我听到的是更为坚定的回答。

“老师相信你，来，咱们拉个勾，盖个章。”我和悠悠开心地完成了这一项重大的约定。

事后，我也及时与悠悠父母进行了沟通，巩固教育效果。在那以后，她再没有“保管”别人的东西了，真令人欣慰!

小小“惊喜”，失而复得，其间奥妙，为人师者，自然懂得。苏联著名的教育家苏霍姆林斯基曾经说过：“使儿童懂得因为自己是生活在人群之中的，所以自己的行为要有界限，要学会支配和控制自己的欲望，这应是儿童道德识字课本里的第一页的第一行。”作为教师，既要及时教育，正确引导，又需要呵护孩童尚未成熟的心灵。所以面对孩童成长中出现的各种“精怪”，我们没必要如临大敌，上纲上线，而要春风化雨，用爱心呵护孩子，用智慧点拨孩子。

培根曾讲，欣赏者心中有朝霞，有露珠，有常年盛开的花朵。其实学生就是老师心中的朝霞、露珠和花朵，他们美丽又充满灵气，每一点可爱都令人喜爱，每一处进步都让人赞叹。在“打怪”的过程中，如果我们细心去发现，巧妙去引导，孩子们的可爱与进步将带给人更多惊喜和感动。

小学英语教学故事

——“意外”的精彩

冯　鑫

从事小学英语教学工作将近六年了，我一直为自己从事这样一份教学工作而欢呼雀跃着。因为在每一次的教学工作中，总能收获属于每一次课堂的智慧。

记得那是在一节英语课上，教学内容是 What are you doing? 当上课很顺利地进行到一半时，突然有一位同学叫起来：“老师，B 同学在画画。”话音刚落，全班同学目光一齐投向那位同学。

我一看画画的同学，原来是一位被列为“学习困难户”的学生。当时我看着他，心里有些许的生气。

而此时他却没放下手中的笔，还在继续画画。我知道，这时如果一把夺过他的画纸撕掉，或是大声责骂他几句，都能让自己解气。但转念一想，我又强压心中的怒火，走到他边上，语气平和地问：“What are you doing?”（你在做什么呢?），他也许没想到我会这样问他，或许是他根本没听懂我的问话，还是不知道怎么回答，他没作声。我转向其他学生问道：“Who can help him?”马上有同学举手作答：“He is drawing.”我请 B 同学说：“I'm drawing.”他轻声地跟着说了一遍，我对他点点头，加上一句：“Very good!”

在我们每天的教学过程中，都会遇到类似的事情：有些学生课前没准备好学习用品；有些学生上课喜欢搞点“小笑话”；有些学生上课注意力不集中，做小动作或干别的事情等。面对这些情况，我们应该怎么处理呢？如果老师采取强制的手段来解决这些纪律问题的话，就会产生不良的结果：无法让学生真正信服你，拉开了师生之间的距离，树立了老师在学生心中的强权形象，形成课堂上师生之间压迫与被压迫的不平等关系；学生无法接受老师的观点，进一步对英语产生敬而远之的态度；无法培养学生学习英语的兴趣，极大地挫伤他们的积极性，为学生以后的英语学习画上了一道永不磨灭的伤痕。英语老师在某种意义上就代表了英语的某些特征，如果英语老师没有亲和力，就会给学生留下“英语就像英语老师那样没意思”的印象。确实，对学生应该严格要求，面对学生违纪要及时提醒纠正，但我们可以不用讽刺、挖苦、嘲笑甚至体罚的方法，因为这样做只能引起学生的逆反心理，结果适得其反。

给孩子成功的体验

高　燕

小蒙成功了

清晨的校园宁静而美丽，英语办公室门口站着一个男孩，干净整洁的校服，随风飘动的红领巾，阳光的脸上绽放着温暖的微笑，灿烂又充满朝气。

突然，一种紧张的情绪在他的脸上一闪而过，他拍了拍自己的脑袋。

“怎么了?”我走到了他的身边。“小蒙，怎么了?”我关心地询问起来。

“我，我一想到今天下午就要比赛了就感到莫名的紧张，其实我准备了好久了，但今天早上我发现自己的演讲稿怎么背得不是很流利了，我怕自己会做不好!”

我听完以后，轻轻地拍了拍小蒙的肩膀，给了他一个亲切的笑容：“好孩子，没关系的，相信你会做得很好的，加油哦！来，进来吧，我听你讲一讲，再好好地准备准备。”

孩子坚定地点了点头，于是又拿出笔记本一遍又一遍地读了起来，洪亮的声音伴着枝头小鸟的叫声，似悠扬的歌声，动听极了!

灿烂的阳光照遍了校园的每一个角落，照进了每个人心里。今天是龙小SYM英语演讲比赛的日子，参赛孩子的脸上都洋溢着激动的神情。

下午比赛开始了。快到小蒙出场时，他迅速地整理了一下自己的衣服，眼睛朝我的方向望了过去。当四目相接时，我对他点了点头，给了他一个鼓励的眼神。小蒙精神饱满地接过话筒，闪亮登场了。

小蒙选择了“灾害预防”的演讲主题，自然的台风和流畅的语言表达打动了听众的内心。他精神饱满，激情洋溢，充分展现了龙娃娃优秀的语言运用能力和生动的舞台表现力，我感受到他的自信与成就感。三分钟的演讲不知不觉地过去了，小蒙稳健地走下演讲台，长长地舒了一口气，他顺利圆满地完成了自己的比赛。

比赛结束后，我把他叫到了跟前："今天太棒了，这和你半个月以来的努力和重视密不可分，有时候战胜自己比战胜对手更有意义。"小蒙听到这话，得意地笑了。

舞台锻炼——做更好的自己

为了丰富校园文化，进一步激发学生学习英语的兴趣，提高学生英语口语表达的能力，英语组举办了面向四至六年级的 SYM 英语演讲比赛的活动。演讲比赛分为初赛和决赛两个赛程。比赛在全校启动以后，得到了学生和家长的大力支持与积极响应。同学们认真写稿，精心打磨，在准备过程中不断向老师请教并进行反复的练习，这些精心的准备成就了同学们在比赛中的精彩表现。

认真最美

环保、人工智能、灾害预防、志愿者活动、自然生态等主题，孩子们选择的都是当下最 IN 的热点。通过英语语言，孩子们在这里，放飞思绪、畅谈心声；分享智慧、表达观点。Speak Your Mind，联通世界，畅想未来，让世界倾听我们的声音。

有一次下课时我在教室里听到了这样的对话：

"不对，不对，你这个单词的发音不准确。"一个孩子认真地对同桌说。

"怎么不对了，我昨天才查了的，就是这么读的，不信你去问问老师。"同桌不服气地回答道。

得到老师肯定的回答后，同桌得意地笑了笑："怎么样，我说吧，我已经悄悄地练习了好多次了。"

听到这么自信满满的话，我笑了，同学们也笑了。大家的努力就要被检验。兴奋，或许还有一点小紧张！但这个经历一定是难忘而美好的。

有效传承

龙小这样的活动和平台很多，这样的做法体现了学校开放的教育心态，前沿的教育理念，也是学校兼容并包，全面培养和锻炼学生的语言能力、表达能力的重要途径。

老师们总是尽可能地将学生的主体性以及主观能动性充分地激发出来，努力地为学生搭建更多更宽广的表现平台。

“只要我努力，没有什么不可以；只要有机会，就不能不去争取。”这是每一个投身于这项活动的孩子们内心最真实的想法！

呵护想象　唤起美好

周　勤

如果说数学是思维的体操，我认为语文就是人精神的舞蹈。生活在钢筋水泥的城市森林里，人的思维、情感仿佛也被切割成一块一块的，动弹不得。幸运的是，语文教学让我每天都和一群充满奇思妙想的小娃娃在一起。他们给周围世界增添各种自己幻想的形象，帮我将思维的触角无限延伸。

“想象”是人的一种奇妙能力。孩子们的脑子里，总会有着比现实更美好的憧憬，带有浓厚幻想色彩。鲁迅说过“孩子是可以敬服的，他们常常想到星月以上的境界，想到地面下的情形，想到花卉的用处，想到昆虫的言语，他们想飞上太空，他们想潜蚁穴……”儿童心理学告诉我们，低年级儿童能够非常敏锐地感知那些鲜明的、丰富色彩、色调和声音的形象。“工具性和人文性的统一，是语文课程的新特点。”语文课程丰富的人文内涵对学生精神领域的影响是深广的，新课标认为应该重视语文的熏陶感染作用。新的课程理念，生动丰富的北师大版的新教材，唤起了孩子们对未知世界的向往和热情，一种纯真的浪漫主义精神，我的孩子们总是认为月亮公公每天晚上在看护自己睡觉，星星也要上学，小白兔会说话，太阳有脾气……

春天到来时，每一种生命都展现出蓬勃的力量。于是，我带着孩子在校园里播下了种子，孩子们非常兴奋，天天都要去看。他们的观察记录更是妙趣横生：第一天，种子在睡大觉，我真想把家里的闹钟拿来，把它叫醒；第五天，种子才冒芽，我要把我的牛奶给它喝，让它长得又高又壮；第十三天，今天我去看蒜苗，它生病了，我想给它吃药，它会好起来的……春游时，有个孩子对我说，老师，我早上老早就醒了，我的心已经飞到公园去了；等我们9点到公园的时候，我的心正在门口等我，一个劲埋怨我，你怎么才来，说完就钻到我的肚子里和我们一起玩了。这不是一个活脱脱儿童版的《大话西游》吗?

夏日的夜空繁星点点，语文书上有一个单元是星空，我让孩子们回去观察。第二天，孩子们争着抢着告诉我：“有颗小星星对我眨眼睛了，好像在说长大了和我一起玩”“我做了个小梦，梦见我到星星的学校里去上学了……”

秋天，我和孩子们一起种下了“爱心树”。让每个孩子把她的感激、赞美变成爱心树上的每一片金黄色的树叶，让孩子们学会关爱、学会感激、学会欣赏、学会尊重。在一个充满爱的环境里，学会与人交往的技巧。班上的“爱心树”越来越茂盛，染黄了一面雪白的墙壁。金黄的“树叶”上，是孩子们稚气未脱的话语，真诚地感谢同学、家长、老师、亲戚甚至陌生人，我不禁被孩子们单纯而可爱的心灵感动了。

“我感谢我的同桌，他经常借橡皮擦给我，我要向他学习，也经常借东西给他。”

“我感谢一个大哥哥，我摔倒了，很疼，他扶我起来，我觉得很温暖。”

“我感谢妈妈，她每天早上很早起来做饭，晚上也要做饭，一直不停地做饭，很辛苦。”

……

众多的小树叶中，也有我的一片，上面写着：“假小子，非常感谢你的大力相助，我很快乐。如果你帮助别人时温柔一点，给别人一根拐杖而不是一根大棒，他们一定会感受到你的爱心。你的老朋友——周老师”。假小子是一个心地善良但性格急躁的孩子，孩子们都在树下指指点点，寻找自己赞美别人或别人赞美自己的树叶。我看到，假小子站在爱心树下，一个人看了好久。“爱心树”悄悄生长的同时，孩子们逐渐懂得了感激、赞美、理解。学着分析给予别人帮助的方式，学着用不同方式回报别人的爱，学着相互之间的理解和尊重，学着赞美别人身上的闪光点……

默非在《史奴比、小王子和成人儿童主义》中有句话：“对于小孩子来说，想象力是他的世界；而对于大人们来说，想象力是对自己的关怀。”在我这个成人眼里，城市里，学校和家之间，就是无数的混凝土大楼，没有江河湖海。孩子们打破了日常生活的局限和羁绊，从平常状态中超越出来，在理想世界里畅游，这正好顺应了儿童每时每刻盼望出现奇迹，又每时每刻渴望创造奇迹的天性，也时时刻刻在启迪我、感动我。我喜欢讲故事给孩子们听，同孩子们一起念儿歌、编儿童诗，当我们在一起浮想联翩、享受万物之灵时，是孩子们和我最快乐的时光。因为，孩子们总是给我惊喜！

我的孩子们常常用他们的会飞翔的心带领我上天入地，这是我的孩子们在课堂上用“向往”造的句：

——国旗向往蓝天，去迎接太阳。

——星星向往月亮，因为它想妈妈；星星向往太阳，因为它想爸爸。

——蛇向往冬天，想好好睡一觉。

——蜗牛向往树梢，去看看远处的风景。

——外星人向往地球，想看看人类的样子。

——我向往蓝天，想把仙女带到人间。

我总在想，语文教学绝不仅仅靠嘴和粉笔，它更需要你用心去感受，去捕捉，用情感去灌溉，去融洽，奇迹往往诞生于其中。当我惊奇地发现，孩子们每学完一首诗歌或一个故事时，总是迫不及待地要写下他们的诗，他们的故事时，我知道了，他们是天生的诗人和作家。

我还在想，语文教学的最终目的也决不仅仅是看书写字，它更应是贯穿于学生全部生活的生存能力的培养和鉴赏事物的能力的塑造。北大中文系教授钱理群先生认为："语文教育不仅是语文知识和能力的培养，还有一个更重要的方面，就是使人变得美好，唤起人的想象和热情。"教育艺术的美感体验，不是低层次的趣味，而是一种逐步深化的高尚陶冶心灵、推动理性的精神愉悦。让我们带着春天般的心情走进课堂，让每日的讲课变成清泉，变成小诗，塑造孩子们的快乐。

“意外”收获

刘　玥

2018年秋，我开始执教小学一年级科学课。课内外观察，发现六七岁的孩子对于科学探索，很有兴趣。

记得有一节教学内容——“观察蜗牛”，上课前两周我了准备10只白玉蜗牛，初步建好了蜗牛家，放在各班教室，便于学生课余时间近距离观察，果然孩子们下课三三两两结伴，起初好奇地瞅，后来就目不转睛地凝视，在此期间，还有个惊喜——有的蜗牛居然生了许多蜗牛蛋。接下来孩子们更加认真地观察蜗牛，即使孩子们回家后，还要和家人谈论关于蜗牛的各种话题，就这样，蜗牛已经成为孩子们的朋友、班级里的一员。上“观察蜗牛”这节课时，孩子们兴趣盎然，有了前期的充分了解，争先恐后的发言，孩子们不仅知道了蜗牛的习性，而且学会了如何照顾小蜗牛，收获非常大，我很欣慰。

随着期末临近，我突然有了一个想法：把各班的蜗牛及蜗牛宝宝作为学期奖励，奖励给本学期科学之星。就这样，许多孩子得到了自己的奖励，某天我在办公室备课，忽然听到了一阵敲门声，一个男孩手里拿着东西，不停地哭泣，他的妈妈拍着他的肩膀，一起走进办公室。“刘老师。”男孩哭了，妈妈接着说：“刘老师，今天儿子领到蜗牛特别开心，还在给我介绍，突然一个小朋友跑过来，撞到了他，手中的蜗牛掉到地上，捡起来的时候，发现蜗牛的壳坏了一些，儿子一下子就哭起来，伤心极了，我劝了许久了……”我明白了，一边拿张面巾纸递给男孩，一边检查蜗牛壳受伤的情况，说：“别伤心了，我们一起解决吧。”“老师，我担心它死了。”男孩心痛地说。“老师告诉你，出了这样的问题，哭不能解决问题，我们首先要知道壳的作用及破壳对蜗牛的危害。”说着，妈妈用手机查找到——如果只是外壳小部分损坏，外套膜没有损伤，蜗牛的外套膜会分泌贝壳成分，以修补破损的部位。修补后的部位与其他部位的外壳相比，颜色稍淡。如果破损深达外套膜，此时蜗牛就无法分泌贝壳成分而修补破损部位，但破损之处可以长成疤痕的结缔组织。此时的蜗牛虽无法修补外壳，但仍有可能存活。如果破损深达内部组织，那么存活的可能性就比较小。妈妈马上读给他听，男孩停止了哭泣，看着蜗牛受损的位置，说：“刘老师，我觉得我的蜗牛能活着，因为它内部没有受损，科学课上，我知道了蜗牛壳是蜗牛的‘房子’，对蜗牛有很好的保护作用，现在它的壳坏了，回家后我要更加细心照顾它。”“嗯，真是个有爱心的孩子，接下来，记得观察它的情况，这些可是课上没有讲过的哟，做好记录，我和小伙伴们等着你的科学观察分享。”男孩笑了。以后，男孩经常找到我，不时地分享着他的发现，每次分享都面带喜悦。

对于这件事，我也在反思，科学课培养学生具有科学探讨的兴趣很重要，培养解决问题的能力也很重要，但不能仅仅立足于课堂，就像这个男孩——刚刚离开幼儿园的一年级小朋友，他有着对小动物的了解及对它的喜爱和责任心，却发生了点小意外，解决意外也许是科学探究课外延伸的“机会”，使他懂得更多，兴趣更浓。

“让每个孩子享有自信和成功”

何　繁

在决定成为人民教师那一刻，我便在心中默念：要做教育者，而不仅仅是教书匠。教育者应善于发现和利用教育规律；要以人为本，善于春风化雨、润物无声地启迪学生的心灵，激发他们的创造力和探索兴趣，帮助学生通过学校生活构建起属于自己的完整的精神世界。教书匠易做，可教育者难做。

大学毕业后来到龙小，走上了教书育人的一线岗位。初出象牙塔的我，信誓旦旦要做个明白事理的好老师，以民主平等来主导课堂，成为学生求知路上的好导师，人生路上的好伙伴。

可是站上讲台不到一年，我便发现发怒成了我生活中最常出现的情绪了。课堂上时常有人走神，经常有学生漏写作业或是不写等，诸如此类的事情一旦入眼，就抑制不住内心的愤怒，呵斥时而发生。记得有一次，我要求没按要求朗读课文的学生来办公室读书。所有的学生都来了，唯独一位学生姗姗来迟，并且躲在办公室一角连声都不敢出。轮到他读了，他却始终不敢动一下嘴，双手发抖地磨着书的一角。虽说已经经过一段时间的接触了，可是我对学生并不熟悉。他有这样的反应不知是他不会背还是害怕，正当我紧锁眉头想询问时，一旁学生忙帮他解释。原来，他是个性格特别内向的孩子，对老师有惧怕感，生怕做错了事情受到批评。看着他那双纯净的眼睛，脸上似犯了错的表情，两手不知所措的盲动，我顿时脸红了。这才想起那记忆中似曾相识的眼神，在一次课上因他开小差而受到我瞪眼后委屈的感觉。

有人说过这样的一句话：“老师不经意的一句话，可能会创造一个奇迹；老师不经意的一个眼神，也许会扼杀一个人才。”我向他表明了作为教师的立场，讲明上课走神和懈怠学习的不良习惯会造成的危害，告诉孩子我们的人格是平等的，鼓励他勇于表达内心的想法。孩子慢慢地抬起头来，拿起书慢慢地却不太流利地把课文读完了。惊讶之余，我感到欣喜万分。不吝啬地表达了对他的肯定和赞扬。从这以后，课堂上举手发言，他更是积极。虽然有时候回答问题还抓不住重点，可是他敢说了。在我看来，他已经迈出了成功的第一步。

这个孩子的改变深深地打动了我，也警示着我。孩子们对老师是宽容的，他们崇拜你、爱你，因为你曾说你爱他们。孩子的心灵是纯洁而美丽的，像水晶；孩子的心灵是脆弱而易碎，如玻璃。我们做老师的，欣赏他们水晶般的心灵，更要保护他们玻璃一样易碎的自尊。

这次事件发生之后，我更加关注那些平时不怎么爱表达自己想法的学生，或是老爱做些事惹老师注意的学生。我相信，每个学生都能更好地成长。作为老师，我们需要更多的耐心。教育，要经得起等待！如果没有能力点燃火种，那至少保护好它，绝不能熄灭火种！

面对眼前充满好奇和天真的孩子们，我们要珍惜，更要努力让每一个孩子的心中充满阳光，而这也正是龙小的教育目标：“让每个孩子享有自信和成功”。牢记心中，时时践行！

小欧的故事

刘静红

一大早，就听说欧坚大哭着来到教室。看见同学没有关注他，就拍桌子推板凳地发脾气。个别同学见了，忙劝慰欧坚，另有几个同学到办公室找我这个班主任。

待欧坚的情绪稳定后，我才将他叫到一边了解情况。

原来——

昨天下午放学后，欧坚参加“龙娃娃”社团的乒乓球组活动。课间在树下逮到一条蚯蚓，很是喜欢，便放在一片落叶上，用另一片落叶盖住，准备今早再来取走。没想到，今天一大早就发现自己心爱的蚯蚓断成了三段。欧坚很是气愤，向一旁跑步的袁红老师和焦校长哭诉。

从袁红老师口中知道一旁的老师是焦副校长后，欧坚质问：“你们学校的学生到底是怎么回事？难道不知道蚯蚓是被保护动物吗?”

焦红宇副校长安抚道：“小朋友，你不用太伤心。老师会教育大哥哥、大姐姐的。蚯蚓被扯成几段，是可以再生的，每段都可以存活。”

欧坚继续气愤地说：“那蚯蚓还被车碾了的。”

这令我很费解，学校架空层下的风雨跑道，何时有汽车、自行车驶过？一定是欧坚为了说明蚯蚓的悲惨命运而开始遐想了。（我知道低年级的孩子有时是分不清楚现实与想象的）

我们停住了话题，我答应他要帮助、教育那些“残害”小动物的哥哥、姐姐。劝了他几句后，我就准备上课了。

没想到，欧坚一整天都惦记着这事。下午第一节课后，他就打听到副校长办公室的楼层，冲到副校长办公室去询问是否找到了害死蚯蚓的“罪人”。得到只能对大哥哥、大姐姐进行集体说服教育的结果后，欧坚很失望，他只得接受这一现实了。毕竟，没有人证，谁也不知道这蚯蚓是怎么落到这份田地的。

后记：

欧坚的语言表达力很强，能与大人自由对话。善于将话题朝着对自己有利的方面引，是个“交际大师”，他的话很容易唬住人。当然，他的纯真也令人喜欢。他爱与人打招呼，爱笑，爱表扬人，谁会拒绝这样的小人精呢？

“为什么这里的草坪不能踩？”

开学没多久，一年级的孩子已经喜欢上了美丽的校园，特别是主席台两侧阶梯旁的滑梯。

一下课，孩子们就拥到滑梯处，一趟趟地滑下来，走上去……慢慢地，调皮的男生不愿意走台阶上去，他们选择了滑梯侧的小草坪。冲上去，觉得有趣得多。

小草坪的边缘很快光秃秃的了。学校发现这一情况，就进行了制止，刘晓英老师常站在滑梯旁招呼着。学生们听到劝说，就会改正。可是，欧坚发话了：“为什么这里的草坪不能踩？我们那里的草地还可以骑马呢！”

我只能劝说：“学校地少，这小草坪上的小草，全校每个同学都分不到两株，如果每人都踩一下，恐怕要不了几分钟，我们就连一株小草都看不到了。”

欧坚晃动着他那灵光的大脑袋，不大愿意地跑到一边玩去了。

后记：

是啊，在钢筋混凝土的城市里，人与大自然亲近的机会太少，经济发展与亲近自然的想法，总是存在着矛盾。

所以，我们在节假日一定要带自己的孩子外出野游，算是一种补偿吧！

欧坚要看心理医生

一大早，办公室里的老师都在准备自己的教具，没有留意到办公室窗台外背着书包站立的小胖胖欧坚。（以往，大家看到欧坚都会热情地与之打招呼，逗逗他。）

欧坚急切地问道：“刘老师，在哪儿可以找到心理老师？”

欧坚的大声询问让老师们抬起了头。

我一愣，怕自己听错了，待欧坚又问了一遍，我仍然没能马上回答上来。我的脑子快速地回忆昨天发生的事，想找到欧坚的心结，怕自己昨天有什么不该说的话被他抓住，“没有，一定没有，昨天没什么意外呀！别的老师也不该有什么事‘犯’到他手上呀。”我心里想道。环视办公室，老师们都在诧异地望着我和欧坚，或许，他们也在想：哪个老师惹火烧身了。

我极力用平静的口吻回答道：“二楼的大队部旁就是‘心心屋’，那里可以找到心理老师。”

“可我去了两次，门都是关着的。”欧坚坚持着，声音脆脆的，亮亮的。

“那就到卫生室，庞老师那儿就可以找到心理老师。”我略一思考，又建议道。

欧坚“哦”了一声，向我们挥挥手，很有派头地走了。

我心里一阵打鼓：不知他昨晚没想明白什么，这一大早就有事了。办公室老师面露复杂的神情，欲言又止。我不便说什么，也真不知道有什么事，只好单独找欧坚问问了。

当上午 8：30 分学生做早操时，我看到了懒懒的比画着动作的欧坚，尽量表现出不经意的样子，问：“欧坚，你找到心理老师了吗？你为什么想找她呀？有什么事吗？”

欧坚中肯地说：“我觉得我昨天不大高兴，因为我没有带什么玩具，昨天不怎么好玩；昨天晚上，我不知道什么原因，我爸爸就打了我一顿，狠狠地打了我一顿。”

我心里松了口气，还好与我们学校老师没有关系。我给他出主意：“那你今晚回去问问爸爸为什么打你，好吗？”

欧坚点了点头，爽快地答应了。

回到办公室，我将一早的事情讲给老师们听。大家都感叹欧坚是个超常儿童。他竟然能把几周前心理室的问卷调查与“心心屋”联系上，并能准确找到心理疏导方式，真不简单！！！

周五一早，我去询问欧坚，他说忘了问家长，不知道是真是假。

两天后的星期一一大早，我正在教室内开窗通气，欧坚腆着他的胖肚子，背着蓝书包，笑眯眯地走上前与我打招呼：“刘老师，早上好！”

“欧坚，早上好！这两天问过爸爸那天为什么打你了吗？”我继续推开窗户问道。

欧坚挤出尖尖的笑声，两眼完全成了两条细线，带着童音，不大好意思地回答：“我知道！是那天我在校门口要喊一个人嘛，那个人没有答应我；我就让妈妈帮我喊，我妈妈不答应，我就打我妈妈，我妈妈就和我打起来。我爸爸晚上知道了这件事，就很生气，把我打了一顿。”

我忙引导了几句：“我们要尊重父母呦！有时不乖就得要打一打。”

欧坚“嗯”了一声，笑笑的表情保持着，算是同意了这个观点。

当天课间时，我们老师谈到欧坚看心理医生一事，仍然不住地发出感叹：“全年级恐怕只有他一人，懂得通过看心理医生来主动调节自己的情绪，太健康了。龙小第一人。”

“我们这一年级，也只有他弄明白了‘心心屋’的含义、功能，真不简单!”办公室老师得出了这样一句结论。

后记：

的确，后来的两周里班上有几个同学领到过“心心屋”预约条，填写姓名、家庭电话时，被我看到，我关心地问她们：“你们准备找心理老师干什么？有什么需要帮助的?”那几个小不点一脸的兴奋，尖声尖气地说：“我要到‘心心屋’去看有什么花，我要去栽花!”

阿!“心心屋”怎么变成了花屋、花店了。看来，大多数同龄孩子并没有弄明白心理咨询的意义和作用。当初的那张问卷调查表也多半是家长代劳填写的。懵里懵懂的“龙娃娃”（本年级孩子大多属龙）什么时候才能醒事呦！还是与欧坚这个一口藏式普通话的乖乖儿对话，谈论的话题才可以深入下去。

幸福是什么?

李　琦

WJ:

见字如晤。

能够收到你的来信，于我是件快乐的事。你问我到底毕业后该做什么，又说教书周而复始的重复工作让你一想起来就觉得很厌倦，感到一生的幸福就在枯燥的黑板前消磨掉了。到底该选择什么样的工作，我无法给你建议。至于“幸福”我也不敢妄加评说。

今天，班上的小姑娘T捏着一个袋子，神秘地告诉我：“我有礼物要送给你喔!”打开一看，是几颗漂亮的巧克力。“我今天过生日哟!”小姑娘的脸兴奋得发红，笑容溢满小脸。同事大笑起来：“哎，你过生日，应该L老师请你呀，送错啦。”“不呀，老师平日照顾我好辛苦，娃娃的生日是妈妈的感谢日呀。”你别笑我滥情，这句“娃娃的生日是妈妈的感谢日”让我的眼里立即涌上了泪，笑着把她紧紧地搂在怀里，为了那句自然而然的“妈妈”。我想这是这份你认为单调的特殊职业带给我的成就。

昨天，当全班孩子为生病的F认真画着慰问卡，静静的教室里弥漫着浓浓的爱意时，我不争气的又红了眼眶，我想这是这份你认为单调的特殊职业带给我的感动。

WJ，教师这个职业到底是什么，二十多年过去了，我仍旧无法解说。可是，它绝不是你所认为的一成不变、枯燥的生活。还有什么生活比面对一批又一批鲜活的生命更丰富？还有什么生活比无数光明的未来等待你铺垫更富有挑战?

幸福究竟是什么，每个人的心里都有不同的答案。于我，幸福就是生病时，有46颗心为我担忧，还有不知名的谁谁谁为我泡好、默默放在办公桌上的蜂蜜水；是出差回来后黑板上歪歪扭扭的大字“欢迎L老师回来”；是综合实践中，有46双小眼睛带给我的永远“惊人”的发现；是郊游时，有家长为这个大家庭熬夜赶做出的46+2份鸡蛋布丁，却因时间太晚而只好给自己的孩子准备了简单的便当；是让我第一个品尝家政课上烤好的第一块蛋糕；是孩子第一堂书法课的作品上写着“教师节快乐”；是游泳课后，把小姑娘们湿漉漉的长发擦干梳成各种各样的小辫子；是看见悄悄摆在我桌上的“老师，我错了，您原谅我好吗?”的纸条；是听到科学课上新养的最胖的那条蚕宝宝被取了和我一样的名字；是许许多多像葵花一般稚嫩的笑脸；是数不清的点点滴滴不值得提起的平凡……

WJ，此刻夜已深了，窗外虫鸣不断。静寂中发现我居然写下如此长的一封信，惊讶原来这份职业带给我的全是幸福的回忆，更庆幸自己当初拒绝种种诱惑，选择了自己喜爱的职业。

还记得你实习时孩子们养的宠物吗？蚕已经结茧，白花花的一片，煞是喜人；种的牵牛花也爬满了窗边的木栅，小小的花骨朵已经透出了红晕。孩子们都盼着小W老师再来时献宝呢，欢迎来看看孩子们。

顺致夏祺

你的朋友LQ
于宁静的夏夜

你，也可以是主角

李　茜

苏霍姆林斯基说："没有爱，就没有教育。"我认为，教育的终极目的，正是爱！在教育悦悦的过程中，我能如此清晰地感受到爱和宽容对学生的影响就如春雨对小草般的滋润。

一、孤独的悦悦

悦悦是我们班上语文、数学、英语三科成绩总排名靠后的一个孩子。在我从教十几年的中，对学习如此畏惧的孩子实属少见。每次考试，她的成绩总是远远地落在后面。平时的学习也非常吃力，数学大约是她弱项中的弱项，学习不用功，基础知识掌握非常不扎实，就连最简单的计算，完成起来也是头疼至极，若要挑毛病，真的能挑出一大堆。面对悦悦，我总有一种说不出的无奈，平时对她的辅导最多，爸爸妈妈也感觉尽了全力，怎么就不见成效呢？

记得五年级上学期，我读到了悦悦的一篇小练笔"我，不想当小悦悦"。她在作文中写到了：我深深地记得，那是周三的下午，一个外班的同学来班上玩。"你，就是小悦悦吗？"她对着我说。我一瞬间慌了，我的名声已经传到外班了吗？她们是不是都知道我成绩很差？不，我不能承认。"我不是小悦悦，我是小丽。"我说了一个我们班成绩最好的女孩名字，"小悦悦不在教室。"文中悦悦看起来那么慌乱无助，我都能感觉到这个孩子那时是多么期盼，期盼她能换一个身份，能脱离现在这个糟糕的自己，期盼着也能在大家面前绽放出自己的优秀。读到这里，我的心揪到了一起，一阵隐隐作痛。我在心里默默地想：曾几何时，这个孩子是怎样弄丢了自己？怎样才能帮助孩子找回自己的自信呢？

我在班里念到这篇文章时，学生们都沉默了。平时大家只熟悉那个凡事都做不好的悦悦，在大家眼里，她大约就是个不用功的孩子吧，大家习惯了她像个配角一样的存在，悦悦的内心也讨厌这样的自己。小丽眼睛都红了，她说：

“悦悦，我愿意和你做朋友，我可以帮助你。”后来有一次与小丽妈妈谈话时，小丽妈妈说：“小丽回去说起了这篇文章，我们心里都很酸楚。小丽决定在以后的日子里，和悦悦一起玩耍，一起游戏，做好朋友，不再让她孤独。”话题一转，小丽妈妈说：“老师，您还记得一年级时，悦悦特别调皮，特别能闹……后来小丽在学习上狠下功夫，两个孩子也慢慢拉开差距了。”

蓦然间，我思维停顿了，回到最初，每个孩子都是一样的美好，充满梦想。在成长的过程中，慢慢地有的人超车了，有的人落后了，那些落后的孩子们终将被放弃吗？不可以！每个人都应该是自己人生的主角！

二、悦悦的“义勇军”

朝会时，我倡议道：“悦悦遇到困难了，有哪些同学想帮帮她吗？”一只手，两只手，三只、四只……许多小手举了起来“我愿意！”“我也愿意……”悦悦的眼睛发光了，似乎有什么在流动着，她默默地动了动嘴唇，用几乎只有自己才能听到的声音说了声“谢谢！”很快，悦悦的“义勇军”成立了，几个细心的女孩子牵头，自愿用自己的课余时间轮流辅导悦悦，自己出题，讲解，直到悦悦听懂为止。每天放学时，都会按时来跟我汇报今天讲了什么知识，练习了几道题，悦悦能做对几道。我问过那些可爱的孩子们：你们的休息时间都用来帮助同学了，自己怎么休息啊？小颐笑笑说：“这也是休息啊，我们喜欢这样，帮助别人更有意义！”这支充满“爱”的“义勇军”，率先给悦悦打开了一扇小小的窗户，她们手牵着手，簇拥着悦悦努力地往前走。

三、做自己的英雄

在学习上多一把评价的尺子，就多一个优秀的学生。课堂上，如何让悦悦参与进来，和其他同学一起努力学习呢？在后来的每一节课上，我都给自己一个附加要求：请悦悦发言！可她说不来啊。不会啊。于是，我每堂课设计了一两个超级简单的问题，希望悦悦能够勇敢地站起来。终于见效了，一天数学课，悦悦主动举手了，我毫不犹疑地请她起来谈一谈。她小声地有些胆怯地讲出了自己的答案。我笑了，班上的同学爆发出热烈的掌声！她小脸儿涨得通红，特别的高兴，这一刻，她是主角，她是自己的英雄。而这些掌声和笑容充满了温度。

四、结语

其实到最后小悦悦依然没能成为一个学习优异的孩子，成绩依然有些惨不忍睹。但那有什么关系呢，我看到这个孩子脸上越来越多的笑容，看到她失败后无奈但坚强爬起来的身影，看到那么多爱她的同学和老师……理想的教育是：培养真正的人，让每一个从自己手里培养出来的人都能幸福地度过一生。这就是教育应该追求的恒久性、终极性价值。每个人都有机会做自己的英雄，亦有着会欣赏、关心他的大众。

我依然记得你的名字

罗余玉

暑假的一天，天气炎热，远方的朋友到来，欣喜地相约一起去吃饭、聊天、叙旧。

有朋自远方来不亦乐乎。正当我们聊得正欢，一个甜美的声音传来："罗老师?"我应声抬头一看，一个女孩驻足在我们的餐桌旁，看清楚了我的脸，女孩立刻惊喜地喊："罗老师！真是你，我还怕认错了呢。"我惊喜得立刻站了起来，这是我以前教过的学生，看着她的脸、眉眼，笑容依然那么熟悉……我脱口而出："承成!"她惊讶万分："啊？罗老师，你还记得我的名字，你还能认出我?"我得意地笑了，高兴地说："那当然啦，你这么可爱，怎么能把你忘记？小时候你就是个小可爱，圆圆的小脸，扎个小辫子，别提多好玩了。"的确，那时她在班里是个子最娇小的孩子之一，秀气乖巧，善良天真，活脱脱一个萌妹子。我当时特别喜欢逗她，她也很喜欢我。听到我说她小时候的故事，她惊讶我还记得那么清楚，年轻朝气的脸上笑开了花，却还不好意思地说："我现在长高长胖了，已经不那么可爱了。"我拍拍她的头，就像小时候常常抚摸她的小脑袋一样说："确实，不可爱了，变为漂亮了。"顿时，大家都开心地笑了起来。

多年未见，师生小聚，尤为亲热，有很多话要说，算一算那一届孩子们的年龄，他们已经 23 岁了，当年的小妞妞，长成了一个大姑娘，我极为感慨，似乎昨天才刚给他们上完课，他们今天就已经活跃在工作岗位，成为社会的一员了，真有意思，这就是岁月吧。

热闹的火锅厅里，难以忘怀的短暂邂逅让我非常开心。朋友说："你还真厉害！十多年不见，你竟然记得这么清楚，这么准确。"我笑着说："对老师来说，所有教过的学生就像自己的儿女一样，哪位妈妈又会忘记自己的孩子呢?"

从工作开始，教师生涯已经 17 年了，这么多年，教过的孩子特别多，当再与他们重逢，我知道即使我喊不出他（她）的名字，他们也会理解，毕竟孩子变化大啦、长大了变样啦、时间太久啦等，但是当和几年，甚至十几年没见到的学生在街头相遇，那一眼的相望，我能随口喊出他（她）的名字，对于她（他）来讲是多么欣喜的一件事啊！

“亲爱的罗老师”这一声招呼，让我深深地感动，因为我的孩子们没有忘记我。而我亲爱的每一个学生，你们每一个在罗老师心里都是特别的一个，我也不会忘记你，记着你的名字，当我们多年后重逢，我依然记得你的名字，这就是一个老师的幸福。

1+1>2 的故事

林　佳

只身一人，我们能做的少之又少；并肩协作，我们能做的很多很多。

——海伦·凯勒

每个小学生都知道，1+1=2。然而现实生活中，1+1 是否一定等于 2 呢？1+1 能否大于 2 呢？当今的小学生大多是独生子女，日益激烈的竞争和父母的呵护，导致个人中心意识的膨胀。学生发现的是自己的优点，却难以发现他人的优点；宁愿“孤身奋战”也不愿共同努力完成一项任务……这些无疑是教育的一种遗憾。然而庆幸的是，我们很快意识到这种现状。《国务院关于基础教育改革与发展的决定》中专门提及合作学习，指出：“鼓励合作学习，促进学生之间的相互交流、共同发展、促进师生教学相长。”课改具体目标也明确指出：“培养学生分析和解决问题的能力以及交流与合作的能力”，同时“学会共同生活，学会与他人一起生活”也列入教育四大支柱之一。

针对班上学生普遍存在的缺乏协作现象，我打算在数学教学中让学生在学习知识的同时养成协作的精神，将协作增效与独立创新以及成功教育等教育埋论有机地结合起来，形成“协作—独立创新—成功”的教育模式。即以数学教学启发学生的协作意识，以协作学习小组为运行载体，通过鼓励和激发小组之间的竞争意识为操作手段，让学生们懂得协作、愿意协作，并在协作的基础上引导学生的独立思考以及创新精神，从而避免因协作而产生的依赖情绪。在教学中通过让孩子们学会协作增效、独立创新，从而体验成功，再通过成功促进再一次的协作与独立创新，这节“万以内加减法”的数学课就这样产生了。

上课时我请孩子们计算，如果建筑中一根宽 10 厘米，厚 5 厘米的横梁能承受 276 千克的重量，那么，两根这样的横梁能承受多少千克？孩子们纷纷尝试计算 276+276，很快答案出来了：“452 千克”。我反问道：“真的是 452 千克？”孩子们异口同声：“就是 452 千克，没错！”我接下来的话让孩子们大吃一惊，“你们的计算没错，在数学中算出的452千克是正确的，但实际中452千克却是个错误答案。”孩子们此时有些疑惑和不解，要求我公布正确答案。当我说出：“两根横梁其实承重是827千克”时，学生情绪高涨。我接着问，“你们想知道两根横梁钉在一起又能承受多少千克吗？是2215千克。”“天哪，不可能吧！?”有学生大声喊道。我暗自高兴，这正是我想看到的。于是我又告诉孩子们：“你们还不知道，三根钉在一起能承受3850千克！”

学生们的积极性显然被这一个个数字充分调动起来了。见此情况，我立刻安排了一场比赛。班上一二大组的学生自己独立完成下表的计算，而三四大组的学生则四人分为一个小组，组中三人分别负责下表中一栏的计算，余下一人做记录。看哪个大组的同学最先完成。

两根（理论） 452千克	两根（实际） 827千克	两根钉在一起 2215千克	三根钉在一起 3850千克
两根实际比两根理论多：			
两根钉在一起比两根实际多：			
三根钉在一起比两根钉在一起多：			

很快，三四大组的学生纷纷举手示意完成了上表，而一二大组的学生却还在苦苦地计算着。这场比赛的结果很明显：三四大组获胜。

我按捺不住自己激动的心情问孩子们：“你们体会最深的是什么啊？有没有体会到协作的力量啊？”下面有学生嘟着嘴说道：“他们人比我们多。”“是啊。”我笑着说，“这就是集体的力量，协作的力量。协作可以增效，就像这道数学题一样，三四个人携手合作就比任何单个人能更好地解决问题。同学们，你们有谁还能举出大自然、实际生活中协作增效的例子啊？”下面的一个学生举手答到：“足球比赛，一个人是没法踢的，只有十一个人共同努力，才能踢赢比赛。”也有的学生回答道：“我看动物世界讲过，一只蚂蚁独自可以搬动比自己身体重100倍的东西，而四只蚂蚁就可以抬动比它们体重总和重700倍的东西。林老师，这是协作增效吗？”“对极了，同学们！”我高兴地说道，“大家不是还学过‘一群大雁往南飞，一会儿排成人字形’，同学们，你们知道这是为什么吗？”大家都摇摇头。于是我讲到：“这是因为大雁也有协作精神，他们也知道协作增效啊。排头的大雁拍打翅膀为后面的大雁制造上升气流，而跟在后面的大雁则‘嘎嘎’地为前面的鼓劲加油。当排头的大雁实在疲惫后，后面的大雁会顶替它领飞。正是通过这种方式，整队大雁的飞行路程比单只的飞行距离长73%。也就是说，如果单只大雁飞行10000千米的话，那么整队就可以飞行 17300 千米。”最后，我总结到：“同学们，大家现在知道协作增效的道理了吧？其实，你们的语、数、英、音……各门学科的老师正是通过协作才让你们学到了更多的知识。”

此时，突然有一学生激动地问道：“那我们现在如何实现协作呢?”我很高兴，学生想协作，想知道如何协作。于是，这张表出现在他们的眼前：

明确问题所在
他人的想法
（首先要努力了解别人的想法） 我的方法
（然后阐述你的想法，争取让别人了解） 集体自由讨论
（形成新方案和新想法） 高明的方法
（找到最佳解决方案）

然后，请四人学习小组根据上表中的指导完成实践学习。

实践学习：

第一步，调查下列产品价格

冰箱（　　　）元；

洗衣机（　　　）元；

烤箱（　　　）元；

电饭煲（　　　）元；

微波炉（　　　）元；

榨汁机（　　　）元。

第二步，确定想买的东西

你们想买：____________________，合计：（　　　）元。

如果有 7260 元，你们①还剩（　　　）元。

②还差（　　　）元。

这次孩子们都兴高采烈地主动忙着分组分工，谁负责调查什么，谁忙记录，谁计算……看到这一场景，我真的感受到其实孩子们愿意“协作”也乐于“协作”。

在课程的最后，我给孩子们讲了这样一个故事。3 2 1 邀请“0”到他们中间去。第一个“0”昂起头说：“答应我一个条件，让我站在最前面吧！”第二个“0”微笑着说：“我喜欢站在中间。”第三个“0”红着脸说：“我还是站到最后面吧！”结果，0 3 2 1，第一个“0”没有使 3 2 1 扩大；3 0 2 1，3 2 0 1，第二个“0”使 3 2 1 只扩大了几倍；3 2 1 0，第三个“0”使 3 2 1 一下子扩大了整整 10 倍！讲到这，我问孩子们，通过这个故事，你们学到了什么啊？经过片刻的思索，有的学生说，应该谦虚，以集体的利益为重；有的说，只有团结才能发挥集体的力量；还有的说，只有找好自己的位置才能发挥更大的作用……听着孩子们的发言，我最后总结到：“同学们，你们看同样是一个 0，但由于它的位置不一样，于是产生的最后结果也大不一样。这说明什么呢？这说明 0 1 2 3 这个团队中的成员只有很好地协调彼此的关系，相互配合，才能发挥出最大的作用，才能实现协作增效。反之，如果合作关系处理不当，则有可能发挥不出应有的作用，在有的情况下甚至会降低团队的整体作用，比如出现‘一个和尚挑水吃，两个和尚抬水吃，三个和尚没水吃’的情况，对吧？”“对！”孩子们齐声答道。

然而，“协作—独立创新—成功”的教育模式在培养学生协作意识的同时，也要注重对学生独立思考和创新能力的培养。在平时的教学过程中，我也十分注意孩子们独立创新能力的养成。例如，在已学过的 1 到 8 乘法口诀的基础上，我让孩子们以四人小组为单位自己总结 9 的乘法口诀，看谁能又快又准地记下来。孩子们纷纷先将 1×9＝9，2×9＝18，3×9＝27，4×9＝36……9×9＝81 这些算式写了下来。经过一番讨论和分析之后，孩子们纷纷举手发言。有的学生说，林老师您看，9、18、27、36、45……81 这几个数，它们的十位依次由 0 增加到 8，而个位由 9 减少到 1，这是它们的一个规律。也有的学生说道，林老师可以这样记忆：9＝1×10－1，18＝2×10－2，27＝3×10－3……81＝9×10－9，您看这样记忆行吗？还有的学生回答道，林老师我发现 9、18、27、36、45……81 这几个数的个位与十位之和都是 9，这也是一个记忆的规律……不少学生争先恐后地讲着自己发现的规律和记忆方法，看到这一情景，我由衷地感到高兴！因为孩子们在团队协作中也培养了自己的独立思考和创新意识。协作增效与独立创新并行不悖。

通过这些别开生面的数学课，我深刻认识到“协作—独立创新—成功”的教育模式的重要性和意义所在。只有在团队协作中培养独立创新的习惯和意识，才能真正实现成功教育的目标。只有让学生体会到成功的收获，才能进一步调动孩子们团队协作、独立创新的积极性，从而进一步深化“协作—独立创新—成功”的教学模式的发展。同时，“协作”意味着协调合作。只有协调合作，才能真正实现“增效”的目标，才能实现 1+1>2。协作精神的培养，独立创新意识的养成并不是一两节课的功夫，这需要长期的坚持。于是，在平时教学中我愈发注意给学生创设合作交流的情景，鼓励学生之间相互交流，在交流中让学生懂得听取他人意见，提炼自己的想法，并注意对学生活动进行指导与管理。我欣喜地发现，课堂教学发生了很大变化，学生活而不乱，愿意与同学、老师沟通，合作学习，独立思考的“协作—独立创新—成功”新的课堂模式就这样形成了。

“只身一人，我们能做的少之又少；并肩协作，我们能做的很多很多”。协作与独立创新并不矛盾，反而相得益彰。协作可以增效，1+1 可以大于 2。孩子们，让我们并肩协作迎接新的每一天吧！

爱是通往孩子内心的道路

吴雪琰

曾经看到过这样一句话：我不能改变生命的长度，但是我可以改变它的宽度。作为一名教育工作者，我曾经为自己的工作而困惑、苦恼、焦虑。但在这两年的教学中，我慢慢发现，生活不应该就是我们想象的那个样子，不一定就是我们所看到的样子，我们有足够的能力去改变它，并且帮助那一个个可爱的孩子们健康成长。

三年前的那个球，这是我带的第一个班。二年级的孩子年龄小，自控力差，但是很开心的是这个班的孩子们整体上课还是很积极、很配合。但其中有一个小男孩引起了我的关注。课堂上他总是很胆怯，每次想表达自己的想法却又畏畏缩缩不敢举手，眼睛里却透露着渴望被关注的神情，但当我主动请他起来回答问题时，他说话马上就变得吞吞吐吐，两只手不停地相互捏弄手指，小脸憋得通红。后来我与班主任和家长沟通，了解到这个孩子有轻微的自闭症。我开始更多地关注这个孩子的每一件事，上课、下课、好朋友是谁、吃饭情况、家庭情况等。我一直很相信一句话："爱是通往孩子内心的唯一道路。"刚开始，每一节英语课后我都主动询问他觉得自己本节课表现怎么样？有哪些值得表扬以及还需改进的地方。他会害羞地低着头小声跟我交流一两句。慢慢地一学期过去了，我从主动询问他英语课表现情况转为请他每节课下课后主动找我沟通，而此时我们的交流变得更加亲密，不再只交流英语课堂表现情况，其他课堂、在学校遇到的有趣的或难过的事情，我们都开始分享。就这样两年时间里，每一节英语课后，我都会多在教室里停留几分钟与他闲聊几句再走，而我的努力也并没有白费，他从刚开始不敢说话到被全班小朋友评为英语之星，从羞羞答答到落落大方，变得越来越自信，越来越开朗。有人说过这样一句话：老师不经意的一句话，可能会创造一个奇迹；老师不经意的一个眼神，也许会扼杀一个人才。老师习以为常的行为，对学生终身的发展会产生不可估量的影响，所以我们要牢记教书育人、诲人不倦的理念，做一个有爱心、有耐心、有责任心的合格教师，我始终坚信："爱是通往孩子内心的唯一道路。"

总有一片天，等着你翱翔

——谨以此文祝福 **2009** 级 **3** 班、**4** 班全体同学

张丽苹

六月，又是毕业季。

风起了又歇，花开了又谢，纵使心中万般不舍，却也明白，总有一片天，等着你翱翔。

六年前，你带着稚嫩、兴奋还有略略的胆怯走进了我的视线，走进了我的心里，走进了我生命中的又一个六年时光。叽叽喳喳中开始了你的小学生涯，也拉开了我们“相亲相爱”“斗智斗勇”的序幕。

六年后，你带着成熟、收获，还有大大小小的梦想踏上人生新的征程，你真的要离开了吗？

虽然，不会隔得太远。

虽然，在喧嚣的校园里看着茂盛的桂花树，视线穿越那苍翠的颜色，我仍然可以看到你每天都把自己的剪影清晰呈现给带着芬芳露气的阳光；我仍然可以看见你活力四射的在校园里快乐奔跑的身影；我仍然可以想象你单手斜托稚气未脱的脸庞任思绪飘扬，然后仰望着蓝蓝的天空报以沉默或者微笑。

恍惚间，朝夕相处的教室突然空空荡荡、安安静静……

嘴上说着离别时鼓励的话语，心里丝丝留恋拧成了坚韧的绳。人生就像一道盛宴，终归要散去。

但我相信，生命中，总会有一些人，一些经历，一些不可言传的默契与感动，值得我们用心去珍藏，值得我们在若干年后一个温馨的夜晚，翻看尘封已久的毕业照，用最幸福的感觉触摸从前日子里那些让人驻足和留恋的细节，可能是争论难题时的“硝烟弥漫”，也可能是记忆犹新的同桌的你……

校园的花开花落，四季的雨雪纷飞，在不知不觉中见证了你的成长，绽放了你的笑容，来来往往你的影子，定格成生命中绚丽的风景。

明日或许疏远，昨日曾经拥有！

我用一生的期待和祝福——坚强如你，美丽如你，幸福如你！

在成长的岁月中，男孩如山，女孩如歌！

平凡的职业也可以不平凡

邓　杭

2016 年 7 月，身为一名师范大学学生的我毕业了。我幸运地来到了成都市龙江路小学，这是一所成都老牌名校，坐落在美丽的锦江边。对于今后的生活，我的内心充满了无限的憧憬与些许的忐忑，踏出校园后，我将真正走向社会，我是否能够成为一名合格的教师呢？2016 年 9 月到 2017 年 7 月，是我职业生涯的第一年，也是我印象最为深刻的一年。虽然之前有过实习，但是当自己第一次真正意义上接一个班，成为一名全职英语教师的时候，内心还是有点小紧张。一进教室，孩子们就对我表现得相当热情。随后的几天，各种各样的卡片、水彩画、手工作品，都在我的办公桌上找到了它们的一席之地，好不热闹。很快地，我就与孩子们打成一片，在课堂上，我是他们的老师，在课后，我是他们的好朋友，是他们的大姐姐，与他们一同玩耍，分享喜悦，在孩子堆儿里成为一个当之无愧的孩子王。

当时的我担任的是三年级的英语教学工作，任课的班级分别是年级的三班、四班和五班。其中，让我印象最为深刻的一个班是三年级三班。这是一个聪明的、充满正能量的、极具凝聚力的班级，其中有一个小女孩儿，名字叫作欧睿思，她是一个假小子，性格爽朗直率，大大咧咧，和许多女孩子不一样，“温柔”二字和她的性格好像丝毫不沾边。随着更加深入地了解三年级三班，我慢慢注意到了她。起初，她对于英语的学习热情并不高，英语是她最头疼的科目之一。在课堂上，她不爱举手发言，有一两次我看见她的小手微微举起来，又立马放下，所以，我就时常鼓励她要学会大胆地用英语表达自己的观点，把课后的那股子“天不怕，地不怕”的劲儿用在学习上。慢慢地，她的英语成绩有了较大提升，性格也变得更加积极乐观和自信大方，同时，我也成了她最好的朋友之一。

一年时间很快就过去了。第二年，学校安排我担任另外一个年级的英语老师。虽然不教他们了，但是我们对彼此的关心和牵挂却并没有因为时间的流逝而有所减退。这两年，欧睿思和班上的其他几个小朋友会经常为我送来“水果大餐”，每当我看见办公桌上的惊喜时，我就知道，今天又有口福啦。

今年四月份，学校举办了第一届 SYM 英语演讲比赛，欧睿思也报了名并且进入了决赛。作为曾经的英语老师，看见她自信地站在舞台上，用一口流利的英语侃侃而谈，我发自内心地为她感到骄傲！最后，她获得了演讲比赛特等奖的好成绩。

收到学生写给我的感谢信后，我开始重新定义教师这份职业。是的，教师是一个很普通的职业，工作琐碎，收入不高。但是对于孩子的童年和成长，它却是至关重要的，甚至可以影响孩子的一生。我想，用心地对待这份职业，用爱来指引孩子，不仅可以帮助他们在成长的道路上少走很多弯路，还可以让他们充分感受到这个世界对他们的善意与呵护，同时，也是帮助我自己，在这个不平凡的世界找到心灵的一片净土。

亲爱的宝贝

张玉雪

之前班上有一个很可爱的小女孩，但她的妈妈却在她八岁时不幸因病去世。孩子当时虽然是懵懂年纪，但仍然摆脱不了浓浓的悲伤。老师也是看在眼里，疼在心里。为了让孩子更加开心，相信自己的妈妈过得很好，受班主任委托，我代孩子在天堂的妈妈给孩子写了一封信，内容如下：

亲爱的宝贝：

你好吗？

这是妈妈在天堂给你写的第一封信。妈妈现在过得很好，不要为妈妈担心。

今天开学，恭喜你已经成为二年级的小姐姐了！我的宝贝又长大了一些，许多事情再也不用依赖爸爸妈妈的帮助，已经可以自己试着来完成。看到你认真地听老师讲课，开心地和同学们在一起的样子，我也很高兴。

老师说你在数学课上的表现总是让人欣喜，你听讲特别认真，又爱思考，总是愿意把你的想法分享给同学们，你真棒！妈妈希望你能够保持这些优点，以后计算再仔细些，读题再认真些，课后多加练习，那样你会变得更加优秀，更加自信！妈妈相信你！

宝贝，你知道吗？在妈妈心里，你和 xx 是世界上最珍贵的礼物，所以，我总是细心呵护着你：你的小肚子饿了，妈妈为你准备好吃的；你的小脸弄花了，妈妈帮你擦干净；你不小心生病了，妈妈抱着你送你去医院……妈妈非常幸福地为你做着一切，妈妈希望我最可爱的宝贝永远都是健康的，快乐的。因为，只要你健康，我就是欣慰的；只要你快乐，我就是幸福的！

宝贝，妈妈不能再像从前一样陪在你身边看着你成长，但不要难过，因为还有爸爸、爷爷、奶奶，老师……他们都会在你身边，保护你、支持你。如果你想妈妈，一定要告诉他们，不要一个人哭……生活中每个人都会遇到困难，那时候，你要坚强乐观。我将在天堂为你祈祷，为你祝福！

亲爱的宝贝，妈妈爱你！永远！祝福你在新的生活中学习进步，健康快乐！

爱你的妈妈

××年××月××日

时光荏苒，生活经历赋予了我更多的体悟。再看这封信时，伤怀中多了几分坦然。我想，如果再见到那个可爱的女孩，我一定会看到她的微笑，看到她柔和的眼神里写满幸福与坚强！

想起一首温暖动人的歌曲叫《写给未来的孩子》，是华晨宇第二张专辑中的歌曲，想送给那个可爱的孩子，也想送给所有可爱的孩子们。

歌词如下：

亲爱的宝贝
亲爱的宝贝
我知道你是如此完美
亲爱的宝贝
亲爱的宝贝
这世界不如想象明媚
难免遇见挫折
不要失去道德
要懂得选择
要远离凶恶
我在这　让我为你唱歌
你多么清澈
怕你有不测
怕你不出色
不要你坎坷
你影响我如此深刻
不管什么性格
是不是独特
反正我只想你快乐
亲爱的宝贝

亲爱的宝贝
我知道你是如此完美
亲爱的宝贝
亲爱的宝贝
这世界不如想象明媚
难免遇见挫折
不要失去道德
要懂得选择
要远离凶恶
我在这　让我为你唱歌
你多么清澈
怕你有不测
怕你不出色
不要你坎坷
你影响我如此深刻
不管什么性格
是不是独特
反正我只想你快乐
占有我的所有视野　全部世界
你是我的一切
怕你不记得
对我不认可
怕你和我会有不和
怕你太出色
相聚剩片刻
是你让我如此不舍
你从不说谢谢
我也能理解
最怕和你有天要告别
亲爱的宝贝
亲爱的宝贝
有天我不记得我是谁
也记得你是我的宝贝

关爱学生　温暖人生

——一次游园活动有感

盖　丽

苏联教育家赞可夫说过：当教师必不可少的，甚至几乎是最主要的品质，就是热爱儿童。一位教师曾经说过：如果没有爱，教育在开始的时候，就已经结束了。没有爱就没有教育，爱是教育的灵魂。关爱学生是教师所特有的一种职业情感，是良好的师生关系得以存在和发展的基础，是搞好教育教学工作的重要因素，也是教师应具备的道德行为，就是师德修养的灵魂。

一、尊重是爱的前提

冰心说，“有了爱便有了一切”。爱学生，就需要我们尊重学生人格、兴趣、爱好，了解学生习惯以及为人处世的态度、方式等，然后对症下药，帮助学生树立健全、完善的人格。我们要像对待一个真正的朋友一样，重视、欣赏学生，学会倾听学生意见，体会他们的感受，包容他们的缺点，分享他们的喜悦。被尊重是学生内心的需要，是学生进步的内在动力。

教育专家常说，“理解是教育的前提，尊重是教育成功的基础”。苏联教育家马卡连柯也用一句话概括了他的教育经验：“严格地要求是最大地尊重学生。”他在办儿童教养院时，对儿童的要求十分严格，又尊重每一个儿童的自尊心。他从不提学生犯错误的历史，甚至在一定场合把 8 岁的学生称为同志，其用意是激发学生做人的自尊心。我们常说要坚持正面教育，什么是正面教育呢？就是在教育教学中，始终贯穿积极向上的精神，在任何情况下都不损害学生的自尊心，对后进的学生更应如此。对学生不仅要严格要求、严格管理，又要理解、宽容、善待学生。严而得当，严而有效。“人非圣贤，孰能无过”。在教育教学过程中，学生犯错误是正常的，作为教师如何处理学生的错误，关系到学生的身心健康和一生发展。而理解、宽容、善待学生的错误，对学生的发展起着不可磨灭的作用，它比批评、惩罚学生的错误强百倍。它可使学生从内心知道自己的不是，感受到教师对自己的谅解和关爱，从而自觉地改正自己存在的问题。其实学生犯错误的行为动机往往是纯真的，也许是好奇心和表现欲所导致的行为过失，学生犯错误，他们迫切想得到其他人的理解和帮助，而粗暴的批评和惩罚是把学生推向错误的深渊，这是教育的失败。我们应该使其从内心感受到教师对他们的安慰，从中得到自己想要的帮助，真正感悟到教师对他们的关爱——全面的关爱，不能只关爱他们的某一个方面，更不能两眼只盯在学生的分数上，因为，他们从各个方面都存在着差异。苏联心理学家苏霍姆林斯基说："尽可能深入了解每个学生的精神世界——这是教师的首条金科玉律。"我以为一个真正关爱学生的教师，要从学生的生活、爱好、习性等各个方面了解他们，在保证学生自尊心的前提下，多给他们一些鼓励和表扬，激发他们的上进心，促使他们在原有的基础上不断进步。实际上学生的某一个方面并不能代表他们的生活全部，他们在今后的生活和学习中需要的是多方面的知识和能力，因此，教师要全面地、多角度地关爱学生，使学生得到全面的发展。爱与尊重是教育的前提，蹲下身子与孩子平视，尊重孩子就是尊重自己。

爱默生说："教育成功的秘密在于尊重学生。"尊重学生，要尊重学生的人格与自尊心，平等公正的对待每一名学生，宽容和信任学生。这不只是说说而已，只有发自内心的关爱，才能散发出温馨的光芒。关爱的眼神，关心的举止，都会让学生如沐春风。

二、爱也要讲求方法

作为教师，在工作中，常常会遇到学生不认真听讲、不完成作业，老师大发雷霆的时候。其实，我们冷静下来想想，我们这样做到底是为了什么？为了学生，我相信在我们心底都没有私心，可是如果问学生，"你知道老师是为了你好吗"？可能有一半的学生并不以为然。我想看到这样的结果，同行们会觉得很委屈，甚至觉得没有努力工作的动力了。我们不禁反思，是什么让学生这样不领情？

我们是爱他们的，因为这份爱，因为这份想为他们负责的心，我们加班批改作业，为学生着急上火；为上好一节课，我们反复试讲修改教案；为了不耽误课程，我们常常带病坚持工作……

可为什么学生看不到我们的良苦用心，看不到我们背后的艰辛付出呢？

要想回答这个问题，我们能不能试着换个角度，假设我是学生……

假设我是学生，抬头第一眼看到的就是一张阴沉的脸，看到的总是挑剔的眼神，不管我怎么努力，却得不到你的认可；常常因为一些小错，你就上纲上线和我的未来人生联系起来；我犯错挨批评也就罢了，把我父母找来，连我父母也一起训一顿；本来事情不是我做的，你问都不问，就劈头盖脸地训我一顿……

这样的老师，你会喜欢吗？

孩子就是孩子，他很难透过问题表面，看到背后的东西。如果我们强求孩子们理解在我们疾言厉色后面有一颗温柔的心，是不是要求高了点？为什么我们一定要做成电视剧里出现的情景，若干年后老师再遇学生，意味深长地告诉学生，当年老师用的是激将法，用心良苦？为什么我们不能表里如一地“温柔”？

哲学家詹姆士说过，“人类本质中最殷切的要求就是渴望被肯定，而学生更是如此”。赞美是阳光、空气和水，是学生成长中不可缺少的养料。

虽然老师出发点是关爱学生，但也不用疾言厉色，我们是很着急，是为学生着急，但工作也应该讲求方法。我们的目的是为了学生，只要学生能有好的发展，这就是我们教师最大也是最朴素的愿望。那么，学生能接受我们这份“好心”的前提，是让学生感受到我们的浓浓的爱和良苦用心。疾言厉色和和颜悦色，哪个更容易让孩子们接受？我们应该反思，是我们真的在关爱学生还是在宣泄我们自己的情绪，维护所谓的“教师威严”？教师的真正尊严，并不是我们个人的主观感受，而是学生对我们的道德肯定、知识折服和感情依恋。

苏联心理学家苏霍姆林斯基对认知和情感的关系，做了这样一个生动而贴切的比喻：“情感如同肥沃的土地，知识的种子就播种在这个土地上。”反过来讲，如果离开“情感”这块“肥沃的土地”，也就结不出“良好发展”的果实。所以，在教育孩子的过程中，我们首先要让他们在情感上接受我们，在这样的前提下，就更容易接受我们的意见和建议了。

又是一年新年到，突然想起有一年元旦节前的一件事，觉得特别温暖，我想如果那个孩子记得，也会有相同的感受。

元旦节前的游园活动马上就要开始了，整个校园都沉浸在热闹喜庆的气氛中，每个孩子的脸上都挂着笑容，准备开始玩游戏了……只有一个孩子孤零零地站在教室门口，茫然无措的样子。我走过去，问他怎么不进教室和其他小朋友一起玩，他耷拉着小脑袋，嘟囔着：“我没有带交换的物品，所以……”原来他们班开展了班级内部交换物品的活动，旨在最大限度地发挥学习用品的使用价值，促进同学之间的交流和沟通。小家伙什么都没带，自然参加不了活动。

只是在这样的日子里，这样的氛围中，小家伙一个人这样呆呆地站着是那么的不合适不协调呀。不安全不说，孩子心理的落差有多大……我想对于孩子来说，这并不是一个多么不可原谅的错误，但如果他一直就这样呆在教室外面，这个新年不开心，说不定孩子的心理会留下阴影，影响他的一生。我回到办公室，找来了几个小玩意，很郑重地对他说，这是老师的小珍藏，现在委托你去交换，你可一定要开动脑筋，帮我换得越多越好，越有价值越好！你愿意吗？小家伙一听，一下子来了劲，两只眼睛一下子明亮起来，好的，老师！你放心吧。看着他蹦蹦跳跳地跑进教室，我悬着的心，释然了很多……

教师对学生的爱，是学生成长的力量之源，是激发学生向上的动力。教师对学生的爱，与一般的人与人之间的爱有所不同，它并非来源于血缘关系，也并非来源于教师的某种单纯的个人需求，而来源于人民教师对教育事业的深刻理解和高度责任感，来源于教师对教育对象的正确认识，来源于教师满腔热情和无限希望。教师所面对的是孩子们渴望认同、渴望呵护与关爱的稚嫩的心灵，教师的一举手，一投足，一个信任的目光，一个爱抚的动作，都会给学生以情感上的滋润，行为上的激励，甚至会影响学生的一生。爱的情感犹如师生之间架起的一座桥梁，又如涓涓细流，进入学生的心田；它像一场春雨，能滋润干涸的荒漠，萌发一片绿洲。

三、爱要讲求艺术

众所周知，爱心是伟大的，但是绝对不是万能的。不妨想想：孩子与父母间的与生俱来的血缘联系是没有什么办法能阻碍的。我们能说他们的父母不爱他们吗？可是为什么孩子有时还常常出现逆反心理与父母怄气、闹情绪呢？所以，对学生付出的爱应该是门艺术，何时付出，怎样付出，付出后怎样让学生明白自己的用心等，这些都需要我们用心去考虑、去设计。如果仅有爱心，没有严格要求也不行。现在的孩子都不缺少爱，或者说他们拥有的爱太多了，以至于在我们对他们付出爱时，他们以为是理所当然。所以，我想：很多时候，我们的教育离不开严格要求。当然，严格要求之中，一定要包括爱的感情。

教师的工作是用心灵来哺育心灵，教育工作的复杂性又要求教师必须在教育实践中不断培养克制怒的好性情，有足够的耐心，学会用宽容和感恩的目光看待周围的一切，引导学生用心感受世界的美好和自己的幸福。一言以蔽之，关爱学生要尊重学生，表扬、赞赏学生；要细心导航，耐心开导学生；要亲近学生，研究学生；要严格要求学生，不可偏废。

回望初进龙小的我

刘　颖

岁月如画，浓墨泼洒，淡泊与浓烈交相辉映；岁月如歌，高低迷离，嘈杂与清脆皆成曲目；岁月如诗，婉转悠长，醇厚与平淡让人沉醉。岁月在寒来暑往中流逝，而我也在龙小的文化浸润下收获成长。

回首15年前，仅有3年任教经历的我，有幸加入龙小这所“自然、健康、舒适、人文”的现代乐园，是多么的欣喜与彷徨。

一开始，龙小的校园文化建设就给我留下了深刻的印象：那横卧在地上的毛笔、象棋、砚台、键盘，整洁美观的塑胶跑道，绿茵茵的草坪，走廊里精美的图画和亲切的提示语，教室里的背投彩电等，无一不体现出学校对育人环境的重视与品位。

龙小教师对工作的执着与热情也令我佩服：办公室里，随时可见同组教师积极探讨教学的热烈场面；教室里，总能看到老师辅导学生的身影；已过下班时间，老师们仍然在校园里埋头工作……整个学校充满了团结互助、积极向上的工作氛围。

“常态孕育优质，优质出自常态”这是龙小的办学态度，我和我的伙伴们就是在这样的常态中逐步成长，逐步丰盈起来。记得刚到龙小那年，接到要在家校交流活动中上课的工作时，我真的非常紧张，生怕自己砸了龙小的招牌。课前我花了很多时间和精力去备课，前后几次试讲，组上的老师也都无私地给我提出宝贵的意见和建议。在团队的帮助下，我反复修改教案、提炼语言、调整语气与教态，使得最后的上课效果比我预想的要好。当时开课的气氛非常热闹，孩子们学习兴趣很浓厚：“今天，老师给小朋友们带来了一个小伙伴，用你们的大眼睛仔细瞧瞧它是谁?”“鱼!”“哇！好漂亮呀!”孩子们高举着小手争先恐后地回答，教室里洋溢着兴奋与喜悦。整节课我都鼓励学生去感知体会、大胆想象：“这条鱼和生活中的鱼不一样，你看出来了吗?”“身体是椭圆形的!”“还有树叶花纹、皇冠花纹……”“颜色很鲜艳，很漂亮!”孩子们的观察能力在这里得到了锻炼。“这是老师心中的鱼！你心中的鱼身体是什么形状呢?”“圆形。”“三角形。”“方形。”……学生的思维在老师的引导下一步步拓展，学习变得轻松愉快。

因为龙小，我成了愉快教育的践行者；因为龙小，我才能站在全国中小学现场美术比赛课一等奖的领奖台上。回望过去，龙小的沃土助我一点一滴的成长，我唯有初心不改，肩负为学生涂抹艺术人生底色的使命，继续努力前行！

与红相约

黄瑞雪

经常会有人问我“你喜欢什么颜色?”其实，这是一个很难回答的问题，每种颜色各有各的味道，各有各的风韵，所以很多颜色我都喜欢。而在众多颜色中，我最喜欢红色。因为红色象征着生命，寓意着旺盛，最重要的是它代表着我热爱的少先队事业。

刚入职的两年，作为中队辅导员，我觉得自己好像也没有什么特别的，每天都重复着烦琐的工作。直到有一天，领导通知我要去做大队辅导员了，从那一刻起，我才真正地走近了这面鲜红的队旗。

作为大队辅导员新手，我每天的工作状态就是领导吩咐我做什么，我就开心地去做，就像积极主动帮老师做事情的一年级小朋友一样，对少先队的一切都感到很新鲜。然而，这种新鲜劲没有持续多久，“好事”就降临了，区上要开展少先队辅导员技能赛，学校要派我去参加。接到这个任务时，我真的是又惊又喜，喜的是领导还看得上我，但更多的是“‘oh no’，少先队活动课？这是什么课型？上什么内容？有没有教材……”一连串问号蹭蹭地从头顶冒出来。“那学校之前有没有哪位老师上过这种课呢？我可以看一下吗?”我试探着问，“没有，学校的这种课都是好多年前的了，最近几年没有老师上过。如果你想参考的话，书柜上有很多少先队的书，网上再搜一些视频看看。”领导淡定地回答。“什么？最近几年都没有老师上过。那我上什么？怎么上?”当时内心的慌张恐惧如万马奔腾，现在想起来都还觉得有些后怕。

就这样，我每天背着几本厚厚的少先队的书往返于学校和家里，一有空就拿出来翻。夜幕降临，那盏灯下，依然有我看书的身影。这种认真劲儿就像回到了高三。经过几天的挑灯夜战，我好像有点明白什么是少先队活动课了，并且我还根据这次技能赛的主题，结合自己的思考，想了两个主题，那时的自己还是成就感十足。当我兴致勃勃地把自己的想法和团队老师交流后，一片沉默，我至今都还记得当时的画面。“……要不要我们换种思路来看这次的主题……”团队老师打破了宁静。你一言，我一语，大家七嘴八舌，安静的夜晚一下热闹起来，这种热闹也温暖了我的心。

经过大家的齐心协力，最终我的少先队活动课首秀也圆满结束。少先队活动课虽然结束了，但是我的人生课才刚刚开始，要策划建队节系列活动、召开少代会，组织新生入队活动、开展“二次入队”活动……事情接踵而至。逐渐地，我在走近这根红领巾，它也在向我靠近，我与它成了亲密的好朋友。

要想学打球先要会做人

高　程

2016 年我刚到龙小就接手了学校女篮的日常训练及比赛工作。一直以来，篮球都是我们学校的特色项目，刚来到学校的时候，女篮正处在青黄不接的时期。第一年，刚接手女篮接连几场比赛都告负，由于无后备梯队队员，甚至有时比赛队员都凑不齐。为了振兴女篮，第二年开始我便从一二三年级招收新队员，组建了 30 人左右的后备梯队，通过性格、运动天赋、训练情况等测试，最终选拔出了一支 20 人的队伍。每天早上 7 点 30 分，不论刮风下雨，我都会早早到操场等待训练的女篮队员们，用晨训半小时开启新的一天。

吃得苦中苦，方为人上人

经过一段时间练习，我发现有的队员在篮球这个项目上很有天赋，几次训练后便与大部队拉开了差距，加上老队员在其中，每次训练都有队员觉得内容简单，练习时偷懒不认真。其中几位队员在训练时说：“每天都练习运球、传球和上篮，好无聊哦，我们想打比赛。”这导致了队内其他一些有想法却不敢说的队员也跟着起哄。“可以，那我们来打十分钟比赛。”看我答应了她们的要求，队员们也很高兴。

比赛时间到，我叫停了比赛，把所有队员集中在一起。“比赛好玩吗?”“好玩。”看到队员们脸上的笑容，我知道他们还沉浸在比赛中。“但是，这十分钟的比赛里，我们平时运球一再提醒的护球手，在比赛中有几个人用到了?每天练习的传球，就是在比赛中把球乱扔出去再重新抢吗? 你们觉得没意义的投篮练习，又有谁把球投进去了呢?”面对我直击灵魂的三连问，所有人都沉默了。“比赛中的每一个进球、每一次好的过人，背后都是成千上万次的重复练习。吃得苦中苦，方为人上人，不管在篮球训练上还是在生活学习中我们都要脚踏实地地把基础打好，这样才能时刻面对即将到来的挑战!”

经过这次事件，往后的训练中队员们都认真扎实了起来。转眼便迎来了新队员的第一次比赛……

永不服输，越挫越勇

比赛如期而至，队员们整装待发。第一场的对手便是上次比赛的亚军队伍，不出所料，我们完败。小组赛结束时，我们一胜三负小组垫底，结束了本次比赛之旅。孩子们个个垂头丧气，在赛后第一次训练时也无精打采，于是我召集队伍。“这次比赛打完了，你们觉得怎么样?”我问道。“不怎么样，对手都好强，我们练了这么久，也打不过她们，以后我们都不想出去打比赛了。”队员们表现出了想放弃和逃避的想法。“这次比赛高老师也有话想说，我们都是第一次出去打比赛，并且普遍比其他队伍的队员小一岁，再者我们技不如人，最后输球。但是在高老师看来不算什么，这是一个宝贵的经验，人这一生没有什么事是一帆风顺的，挫折、失败才会让我们成长，从这次的失利中，我们要总结经验，争取在往后的比赛中获得更好的成绩，这才是高老师带你们出去打比赛的初衷。”当我说完后马上就有队员抢着说：“那我们以后要更努力地练习。”“其他队的队员都比我们高，平时我们要多吃饭。”看到她们七嘴八舌地讨论，我接着说：“遇到了问题我们不能选择逃避，而是要迎难而上，我们有赢的机会，但是没有把握住，机会是留给有准备的人的，往后我们要通过更努力地训练，提高我们把握机会的能力。我们既然选择了篮球，也坚持了这么久，我们就要对得起自己的付出。我们要学会如何面对失败和挫折，要有永不服输的精神，失败不会把我们击垮，只会让我们越挫越勇!”

经过一年的训练和磨合，我们开始在比赛中崭露头角，2018 年 10 月参加成都市中小学生篮球锦标赛获得了第四名的历史最佳战绩，一举成为赛场上的一匹黑马。

我从三年级开始接触篮球 18 年，篮球不仅仅是我掌握的一个专业技术，篮球运动更教会了我做人，我的队员们不仅仅要掌握篮球技术，更要在生活学习中体现篮球运动的精神——扎扎实实、勤学苦练、无所畏惧、顽强拼搏、永不服输。

美术课中的写话

李丽丽

这学期我们五年级美术的第1课是“欣赏·评述”《人民艺术家——齐白石》。齐白石是一位诗、书、画、印无所不精的全能艺术家，可以说是家喻户晓，但也因他生活的年代离我们已有近70年，孩子们对他并没有全面的了解。

怎样带领孩子们真正走近这位已经远离我们多年的可爱老人呢？我用丰富的视频、图像来直观呈现出齐白石的人生经历，再用许多他的经典作品来请孩子们观察、总结老人的绘画题材、表现方法和艺术特色。给学生大量的图像识读，培养他们美术学科核心素养中的审美判断和文化理解。让孩子们通过本课学习了解齐白石老人一生的跌宕起伏，还有他对艺术的追求和对生活的热爱。通过感悟这位“人民艺术家”所取得的艺术成就及人格魅力，感悟中国文化的特色和精神。

在课中我抛出了一个问题，引起了五·五班孩子们的热烈讨论。在孩子们自学教材后，我问道：“齐白石为什么被称为人民的艺术家？”孩子们有的说是因为他出身于农民家庭，有的说是因为他画的是人们生活中的事物。而课程结束我请大家写下今天学习的感受时，王可名写到“齐白石是人民的艺术家，一是他出身农民来自人民，画的是人民喜爱的东西；二是‘艺术家’不等同于画家、书法家、诗人，但艺术家可以涵盖以上的领域。单单有一项专长是不能被称为艺术家的，而齐白石诗、书、画、印样样成就非凡，他全能，所以才能被授予艺术家的称号”。杨宇鑫写到“齐白石能被授予人民艺术家的称号，除了他在艺术领域的成就和贡献，还因为他体现出了我们中国人勤学苦练、学海无涯、乐学好学的精神”。朱震离写到“我之前并不知道齐白石爷爷还有文学方面的成就，通过今天的学习，我知道他和文学家老舍是朋友，有相同爱好的人才能成为朋友吧。特别是他和老舍先生‘十里蛙声出山泉’的创作游戏，让我感受到了齐白石创作的超高意境——留白。我想这一点无论是写作还是绘画创作都是值得我们学习的”。像这样把自己对本课学习后的诸多感受和收获写下来的孩子还有很多很多……

美术课上写话，是我们美术欣赏评论学习方法和评价的一种形式。孩子们学会多维度、多元化地对画家作品谈自己的看法和认识，提升他们的学科核心素养，从而达到我们美术学科育人的目的。

我的信息技术教学小故事

朱　锐

讲述教师自己的教育教学故事——我想每个教师肯定有很多。说到我的信息技术教学，简单地说：信息技术成就了我的成长，下面就谈谈教学过程中发生的点滴体会：

去年我教学的三年级信息技术课，从去年教学来看，大部分学生在家接触过电脑，但是他们大多数人的基础还是比较薄弱的，缺乏行为规范和对信息课程好的学习习惯，因此在课堂上如何把基础好的一小部分的学生和基础薄弱的一部分的学生都顾及到，是我教学设计的难点，因此课程设计中我如何利用丰富多彩的教学方式和语言，如何分小组教学让课程变得不枯燥，让孩子们学得有兴趣是我一直追求的。俗话说好：好的开始是成功的一半，教育学家斯维特洛夫曾说过："教育家最主要的，也是第一位的助手是幽默。"信息技术课不仅要避免语言平淡，而且要注重趣味性，使自己教得轻松，学生学得也愉快。

我记得我去年上过一堂教研课，叫作争当打字小能手。第一次试讲这个课时，我为了完成教学任务，有良好的课堂纪律，我开始不苟言笑的上着课，上课时只要有学生说话或者搞小动作，就会受到批评。但当课程讲完时收效并不理想。后来课程中我做了教学反思。在正式上教研课前，我调整了我的这个课程，首先把导入环节设置为以学生为主，我作为辅助，利用之前学习过的知识来解决、恢复打乱的键盘，这一环节学生自己动脑筋分组讨论，不仅加深了学生对以前学习过的内容的复习，还活跃了氛围，使学生跟我顺利地走了下去。

后来我在讲练习前，我下了一个手指操，让同学们跟着老师或者看着视频一起做，大家都非常感兴趣，所有同学都聚精会神高兴地和我一起做起了手指操，再到后面练习时，我设置了"最稳打字小高手""最准打字小高手""最快打字小高手""最轻打字小高手"称号，使学生积极争取每个称号。这样设置下来，同学们在练习过程中不仅非常愉快轻松，而且也增强了他们的信心。这样有趣又轻松的课程，使得我这节课不仅完成了教学任务，更是加深了同学们对信息技术课的兴趣。

你们也是我的老师

赵　旭

从大学生转变为小学老师，已经三年的时间了，这三年来给我最大的感受就是，我不光是孩子们的老师，这些可爱的孩子也是我的老师。

一、宽容

工作的第一年，我总是“恨铁不成钢”，不是不满意他们的体育成绩，就是不满意他们的组织纪律。我有的时候只注意到学生的缺点和不足，却忽略了他们的优点、长处和进步。批评得多了，表扬得少，孩子们的脸上也没了笑容。

直到有一次体育课，我在示范跨越式跳高动作时出现失误后狼狈倒地，我坐在地上为自己的动作失误尴尬地笑了起来，有些同学也发出了笑声，但是在笑声结束后几位同学很担心地立即上前将我扶了起来，还紧张地问我有没有事。在我说没事之后，班上比较顽皮的小任又笑了起来，此时的我又尴尬地笑了笑，但是上前扶我起来的小杨同学却生气地对小任说：“老师只是失误才摔倒了，谁可以保证从来都不会失误呢?”听到小杨为我“抗议”我特别感动，为缓解比较紧张的局势我立即说道：“没关系，小任和我开玩笑呢。”

从那以后，我开始慢慢地学着换一种眼光来看待班里的每一个学生，努力用宽容的态度去发现他们更多的优点。渐渐地，学生在我的眼中有了变化，我也开始真正从内心喜欢他们。正是这种喜欢使我在面对班里的学生时有了真诚的微笑，课堂里的笑声多了，课堂气氛也活跃了。我微笑着和学生打招呼，微笑着和学生谈心，即使面对犯错误的学生，我也学着带着微笑去解决。这微笑又从课堂里走出来，成了我生活中常有的表情。

陶行知先生说：“真教育是心心相印的活动。”如今我对这句话也有了一定的理解。同样是爱学生，因为有了笑脸，效果迥然不同。

二、回应

成为老师以后我有一种这样的感受：在课堂上提出一个问题，越是低年级的学生，举手越是踊跃。到了高年级，学生举手回答的情况会逐渐减少，甚至有时点名让学生回答，学生也很不情愿。但是六年级有一位小女生每次都很积极地举手回答，就算答案她自己都不确定也是很坚定地举起小手。

有天下课后，我悄悄地问她：“为什么每次你都会举手回答老师的问题呢?”她思考了一下告诉我：“因为老师的提问如果没有人回答的话，老师会很尴尬的，哈哈哈。”这件事对我的触动很大，在我们的学习和生活中，无时无刻地都在与这个世界、与他人进行互动。在互动的过程中，外界的回应非常重要。因为人就是靠外界给予的回应慢慢学会表达自己的情感，同时随着外界回应的不断增多，自己的表达形式也会越来越丰富。回应是“沟通”的基础，理解对方所说的内容固然重要，但你首先必须做到的是：发出你已经收到了讯息的信号给对方。

如果孩子们一次次发出信号，但却得不到回应，时间长了他还会有勇气和信心继续举手吗?所以从那以后，我开始尽量多的回应所有人，回应孩子们发出的信号。教师需要拥有相应的身心感知能力，能够敏锐地监测到孩子发送过来的信息，判断和分析这一信息的内在含义，及时给予赞同或者反对的回应，这样孩子们对学习才会更有积极性。

在孩子们成长的过程中，教会了我很多，谢谢你们，我的老师。

一种幸福的生活方式

——亲子共读

王潇霄

有这样一个小故事：生活在数字时代的驴子，只知道计算机与网络世界，不知道“书”是什么。因此，他很好奇地看着猴子手上的“书”，并从电脑迷的立场问了猴子一连串的问题。“你手上拿的是什么呀?”“你用它来打游戏吗?”“它能发短信，看微博，还是连无线网呢?”……当然，答案让驴子并不满意。它拿走了猴子手上的“书”，一边抱怨字太多，一边不自觉地沉迷在故事当中，忘了时间的流逝……一旁的猴子看着驴子脸上多变的表情，知道它已经沉醉在了书里。后来猴子等不及了，向驴子要回书，天真的驴子还是三句离不开数码语：“别担心，等看完以后，我会拿去充电的。”从此，它变成书虫小呆驴。

其实，每个孩子的内心都住着这样一个“小呆驴”。虽然他们的思想还不够成熟，他们的阅历还不够丰富，但从他们充满求知欲的眼睛里我常常看到他们对书海奥秘的好奇。

我研究生毕业来到龙江路小学担任语文教师、班主任，不觉已有六个年头。在日常教学工作中，我一直鼓励孩子们走进图书馆、走进书城，去挑选自己喜爱的读本。由于孩子们在学校可以自由阅读的时间相对较少，孩子们在阅读后缺乏交流和共鸣。我着力引导孩子将阅读的空间和时间延伸到家庭，鼓励每个孩子的阅读历程中要有父母的陪伴。因为通过亲子共读，既能促进父母与子女终身学习、共同成长，还能增进孩子与父母之间的亲密关系。通过交流分享，父母能够更加及时地了解孩子的心理活动，进行正面引导，还可以带给孩子更多的智慧、勇气与信心。

亲子共读是一种幸福的生活方式，热爱读书的父母往往能在潜移默化中培养一个会读书、爱读书的孩子。我们一起来看看我们班上这个小男孩的故事。

小漆同学从小就爱读书，他有一个沉迷于阅读的父亲，这位父亲不仅培养孩子写得一手好字，更让他畅游在书海里乐此不疲。小漆喜欢在各种地方读书，家里的沙发、书桌，睡前在床上，到处都能看到他随时读书的身影。他的爸爸妈妈常带他去咖啡厅看书，在优雅的环境中，听着悠扬的音乐，看书的心情十分愉悦。他最喜欢的是西西弗书店，一进大门，琳琅满目的书就映入眼帘，书店还配备了舒服的座椅供大家安静地看书，每次一到这里，他都舍不得离开。旅行的时候，他的行囊总是被书塞得满满的。每次旅行，除了欣赏美丽的风景，他还会和爸爸妈妈一起去当地的书店逛逛，边看书，边享受阅读带来的快乐。在他小的时候，他爸爸就给他讲了许多故事，其中有《西游记》《岳飞传》《杨家将》《三国演义》等。从那时起，他就对书里的世界产生了强烈的好奇心。长大后，他会认字了，他爸爸便经常和他一起阅读。爸爸带着他朗诵诗歌，教他从 one，two，three 开始读英语小故事。和爸爸妈妈一起读书，他感到非常温馨和快乐。

几乎每个周末小漆都会和爸爸妈妈一起选择一个安静的场所，静静地享受亲子阅读的快乐时光。他们的身影也常常出现在咖啡馆、书吧，甚至是云南大理的洱海边。他爸爸写得一手好字，小漆也学着在书上工工整整地写下阅读的心得；他爸爸看着经济类的专业书籍，小漆就在一旁读着厚厚的一套《写给儿童的中国历史》。渐渐地，他的识字量在增加，他的阅读量也远远超过了同龄的儿童。他爸爸不仅是他崇拜的偶像，更是陪他共读共乐的好伙伴。

亲子共读是一种幸福的邂逅，美丽的休闲。其实家长并不用抱怨工作的繁忙会影响和孩子共读，只要我们掌握好方法，管理好时间，就能在有限的共读时光里享受这一分特别的幸福。那我们应该怎样开展轻松愉悦、积极有效的亲子共读呢？经过六年的探索，我有了一些心得。

一、在孩子幼年阶段——多听多讲

著名作家莫言说过这样一段话：“我之所以能成为一个这样的作家，用这样的方式进行写作，写出这样的作品，是与我的二十年用耳朵的阅读密切相关的。我之所以能持续不断地写作，并且始终充满着不知道天高地厚的自信，也是依赖着用耳朵阅读得来的丰富资源。”在孩子识字之前，家长一定要把握好孩子对家长的依赖，并将这种依赖变成培养孩子听读兴趣的重要契机。每天保证半个小时的讲故事时间，这能让孩子通过专注的倾听，在识字之前就对语言文字产生好奇，对知识的索取产生需求，还能提高孩子的注意力，发展孩子的想象力，为其识字之后的阅读效率和阅读质量打下坚实的基础。

二、在孩子识字阶段——多读多看

家长要为孩子提供一个自在、安静、舒适的阅读环境，创造一个内容丰富的阅读情境，同时要渐渐地将亲子阅读相对固定在一个时间段内。可以是每天半小时的家庭阅读，也可以是每周一次的书吧阅读。我还主张家长和孩子共读一本书，从成人的视角读儿童的图书，再从儿童的视角帮助孩子理解故事的内容，启发孩子思考、想象甚至质疑。孩子在识字初期以读绘本为主，渐渐地开始接触经典的儿童文学和文学著作。家长应鼓励孩子与自己一起讨论书中的人物形象、情节发展，丰富孩子的视野，培养孩子从多种角度看问题。特别是处于不同的心理发展阶段的儿童，父母更应重视亲子之间的沟通，共读分享就是一个很好的途径。因为在亲子共读的时间里，没有父母子女身份的限定，没有父母子女年龄代沟的限制，有的只是对同一个故事的共同进入，对同一个读本世界的共同体会。

三、在孩子成长阶段——多陪伴

如果把读书这件事用一串数字来衡量会让孩子们渐渐失去对书籍的兴趣。在亲子共读的过程中、父母要了解孩子小小心灵的需要，而不是用数字量化孩子每天是否完成多少分钟的阅读；在亲子共读的路上，父母与子女要建立无话不谈的亲密关系，而不是让读书变成另一种形式的作业。亲子共读的场所应该是轻松的、可变的，亲子共读的时间应该是父母与孩子共同确定的。就像前面的这位小漆同学一样，阅读可以在旅行途中，可以在体育锻炼之后，可以是茶余饭后，也可以是在一次期待已久的读书会中。

时间是阅读最好的朋友，亲子共读是一场与知识的美丽邂逅。在家庭中弥散开浓浓书香，若干年后，我们能看到曾经那朵害羞的花苞也能香气四溢，那汪静静的池水更加灵气涌现。

初探“群文阅读”教学

胡杨洋

自从我校开展了“群文阅读”课之后，我校很多老师都尝试着把群文阅读这种新的语文阅读方式带进课堂，也做过几节较成型的课例，但大多数都是高段的“群文阅读”。我就在思考，相对于高段来说，中低段的阅读速度和阅读能力还不能跟上，我们能不能在中低段做一个大胆的尝试？作为一名年轻教师，对群文阅读并未深入探索，但颇感兴趣，也很愿意尝试。于是我就开始着手准备。

在有限的时间里要读好几篇文章，从客观上决定了“群文阅读”和阅读单篇文章的教学有许多不同之处。但是客观的被动的“不同”不是我们选择“群文阅读”的理由，在“群文阅读”的课堂里不用强调字词了，不用做烦琐的分析了，也不用一味感情朗读了……那老师要干吗？总要有所作为吧，到底怎么做呢？“群文阅读”中老师应该树立自己的教学取向，要将单篇的课文教学重视的知识、技能的精熟学习模式变为关注阅读能力、阅读方法的培养的学习模式。正如蒋军晶老师所说，“一节课里读几篇文章”意味着什么？意味着老师不可能讲太多话，提太多问题；意味着老师不可能这么深、这么细、这么透地讲析文章了；意味着老师对课堂结构的艺术性不能有太多苛求，不可能面面俱到，不可能步步扎实……“群文阅读”的教学目标一定要抓住重点，突出要点，把握难点，一定要学会放弃。

最后，我选定了西师大新群文读本三年级上册的三篇文章《那个木讷的小男孩》《大器之才》《学无止境》，议题拟定为“小苗与大树”，通过三篇文章的对比阅读，感受三位名人的成长故事，谈谈给你留下的印象，以及什么原因使三位名人成功，找出异同。第一次试讲后，我找了几个孩子了解情况。一个孩子说：“老师，这节课我觉得好累，要读这么多的文章。”一个孩子说：“老师讲的这些名人故事我很喜欢，让我知道了要怎么样成长为大树。”还有孩子说……听了孩子上课后的感受，我开始反思：虽然我学着“群文阅读”的模式进行教学，放弃了很多细枝末节知识点的处理，但整节课除了教学模式很单一以外，更像一堂思想品德课，学生谈的更多的是这三位名人如何从小苗成长为大树，整节课语用性不强。

于是我开始调整教学方案：在有限的单位时间里要读好几篇文章，那我的教学目标是什么？读完一组文章后，人文性和工具性如何统一？我再次研读教材后发现，这三篇文章还有一个共同点，都是从文中直接引用的一个词语或短语作为故事的题目，我觉得对于正处于起步习作的三年级孩子来说是一个很好的点，所以将“巧取故事题目”作为本节“群文阅读”课的议题和重点。同时我还调整了本堂课的教学目标：一是在默读的基础上，通过填写表格的形式，初步感知文章大意，讲一讲故事的内容，也就是说清楚每篇文章是用的哪件具体的事例来证明人物非常的有决心。二是以三篇文章为背景材料，感知故事题目的取法，引导学生运用本节课所学方法为补充阅读材料取恰当的题目。

为了达成教学目标我设计了三个板块：

板块一：解题激趣

出示三个题目，让学生聊一聊知道的那一个题目的意思，解决“木讷”“大器之才”“学无止境”这三个词语的意思，再激发兴趣——你最想读哪个故事，对三篇文章内容有个初步的感知。读完文章后把三个题目填写在相应文章的横线上，引导学生发现，原来这三篇文章都是直接引用文中的一个词语或短语作为故事的题目。

板块二：精读感悟

我采取了“扶一放二”的方法，先重点指导单篇阅读《一个木讷的小男孩》，口头汇报表格内容，明确出示学习要求，让学生读故事，谈印象，说成就，想原因，再放手让学生小组合作，探究学习另外两篇选文并完成表格。这个板块的教学重点是在分析三位名人成功的原因这一项上，重点引导学生走进文本，培养学生的理解能力。我的做法是先让学生在文中对相关语句进行勾画，再进行理解概括。最后出示完整的表格进行比较，通过“找同寻异”，发现三位名人性格的不同，取得成就的行业不同，但是也有相同点：他们都是有决心把一件小事做好，最后取得了巨大的成就。

板块三：议命题方法

我采取了同桌讨论的方式，让学生回过头来看看这三个题目，觉得哪个题目取得最有意思，通过“找同寻异”，重点培养学生的表达能力，鼓励学生感于大胆地表达自己的见解。这三篇文章都是直接引用文中的语言作为题目，当然他们取题目的角度不同，有的题目是为激起读者的兴趣，有的是直接赞美，还有的是通过题目点明了一个道理。最后让学生学以致用，为补充阅读资料取一个合理新颖的题目。

上完课后，我又找了几个孩子聊天。一个孩子说：“这堂课还挺有意思，让我学会了替自己习作取名字的好办法。”一个孩子说：“胡老师，这堂课让我开阔了视野，了解到更多名人的故事，还让我找到了一把习作的金钥匙。”还有的孩子说……通过孩子们谈的这些感受，我了解到学生基本掌握了巧取题目的方法：直接引用文中的语言作为题目，有的题目是为激起读者的兴趣，有的是直接赞美，还有的是通过题目点明了一个道理。目标调整过后，整堂课的语用性提高了很多，教学目标也更加清晰。

通过本次对“群文阅读”的初步探索，我深刻认识到阅读策略需要通过老师精心的教学活动，让每个学生不限天生能力的大小、先天条件的不同、背景知识的多寡，都能循着老师有步骤、有程序的教学设计，取得进步。所以，真正成功有效的“群文阅读”，是在选好文章的基础上，还要相应设计合理的教学活动，让语文的人文性和工具性相统一。

转化思想在低段数学课堂中的渗透

袁九玲

转化思想是解决数学问题的一个重要途径，任何一个新知识的产生，都是原有知识的发展和转化的结果。它可以将某些数学问题化难为易，另辟蹊径，通过转化思想探索解决问题的新思路。在教学中我们应结合恰当的方式逐步渗透给学生转化的思想，使他们能够利用转化的思想去学习新知识，解决新问题。那在小学低段数学教学中如何去挖掘并适时地加以渗透呢？笔者根据自身的教学实践谈谈自己的见解。

小学数学北师大版一年级上册“9 加几的进位加法”是学生在学习了“10 加几”的不进位加法的基础上进行学习的。在设计教案时我原本是按照这样的环节来设计的：

1. 口算导入。

10+2　　7+10

10+6　　4+10

10+8　　3+10

10+9　　5+10

师提问：“你怎么算的又对又快呢？”生答：“这些都是 10 加几的，好算。”设计目的是为了让学生体会十几的简单好算。

2. 情境图展示。

请学生找出数学信息，提出数学问题，训练学生的语言表达能力以及提取数学信息的能力。接着，我追问：“你想到了用什么办法来计算一共有多少瓶牛奶，加法还是减法？为什么？”让学生弄明白这样做的理由。

3. 探究算理。

师提问：“你们能不能用摆小棒的方法将 9+5 的计算过程展示出来呢？”学生活动过程中我发现仅有部分学生想到了先将 9 凑成 10，再计算 10+4，我让这部分同学中的一个进行全班汇报，并询问其他同学，你听懂了吗？当大部分学生明白这样的想法后，师追问：“这儿不是计算 9+5 吗？怎么想到先将 9 凑成 10 再来进行计算呢”部分生答：“因为 10 加几更好算。”看到部分同学眼里还存在一丝疑惑，我马上追问：“好算在哪里？”生答：“因为 10 加几就等于十几，这样就好算了。”听了同学的讲解，刚才没懂的同学也点了点头，看来是明白了。

4. 梳理算理。

接着，我带着同学们梳理了算理并且规范了语言，9 要和 1 凑成 10，就把 5 分成 1 和 4，9+1=10，10+4=14。

5. 在学生弄懂了小棒理解“凑十法”的算理后，让学生尝试用计数器拨一拨计算的过程。学生操作后答：“现在个位上拨 9 颗珠子，再拨一颗珠子，凑成 10，满十进一，再在十位上拨一颗珠子，刚才 5 里面拿走了 1，还剩下 4，所以在个位上拨 4 颗珠子，结果就是 14。”

6. 待学生明白这两种做法后，我再来进行提问：“这两种方法的共同的地方在哪里？”学生答：“都是先将 9 凑成了 10。”老师小结：“像这样的方法我们在数学上叫作凑十法。”

7. 练习巩固：利用“凑十法”计算 9+6，9+7，9+8 等 9 加几的进位加法。

按照这样的思路试讲完以后，听课的老师们以及我都感受到同一点，虽然孩子们理解了凑十法的算理，但是对于为什么要将 9 加几转化成 10 加几来进行计算体会还不够深刻，这就引起了我们的思考。(1) 怎样突出将 9 加几转化为 10 加几来计算的必要性；(2) 怎样能够用儿童话的语言来让孩子更容易理解“凑十法”其实就是一种数学转化思想。针对这两个问题，我的师傅周朝阳老师以及殷石老师开启了头脑风暴，经过激烈的讨论，最终我们决定将这样的数学转化思想用学生容易接受的“变”字来表达。

在两位老师的帮助下，我将教案进行了重新地梳理，以下是一些改动较大的部分：

改动（1），将第一部分的口算导入由单一的 10 加几变分成两组：

15+4	10+4
6+12	10+6
17+2	10+5
12+8	10+8

师提问：“你认为哪组口算更简单？”生脱口而出：“10 加几的更好算。”追问：“为什么？”生答：“因为 10 加几就等于十几，好算。”该处设计目的是

为了让学生充分体会 10 加几的好算之处，接着板书“10+（　）”。

改动（2），在同学们得出算式“9+5”后进行追问：“9+5 我们以前没有计算过，但是我们刚才在计算 10+（　）的时候就知道，10+（　）特别好算，那你能不能想个办法，将 9+5 变成 10+（　）来进行计算呢？请你把变的这个过程用画一画，摆一摆，拨一拨的办法将你的计算过程表示出来。”这个环节新增了在带有数字的毛毛虫身上“画一画箭头”的方法，是考虑到部分学生是用往后数的办法来计算的，所以在这儿有必要提出来作为一种解决问题的办法。

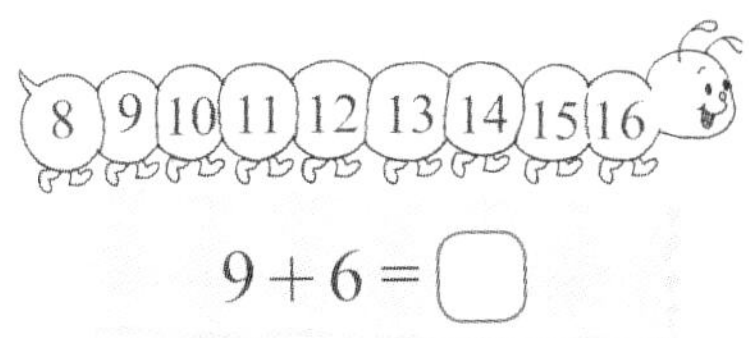

同学们在明确了操作活动的目的是为了将算式变成“10+（　）”来进行计算后，操作活动顺利了很多，大部分同学都想到了将 9+5 变成 10+4，我马上追问：“为什么要变成 10+4 来计算？”学生答：“更好算。”追问：“4 是哪里来的？”学生答：“5 拿走了 1 给 9 凑成 10，还剩下 4。”

接着我进行了小结：“像这样将 9+5 的算式变成 10+4 的算式在数学上我们称为凑十法。”板书“凑十法”。

改动（3），在学生练习完 9+（　）的加法后，提出课后探索。“9 加几你能变，那 8+5，7+6，6+6 这样的算式你又能不能变成 10 加几的进行计算呢？”让孩子学会转化思维不仅能解决一个问题，还能解决这一类数学问题，实现技能的迁移。

通过这样的改动，能够看出所有同学能够理解凑十法的数学转化思想，并利用转化思想解决更多的问题。

课后，听课老师也对这堂课“润物细无声”的引导，让学生充分体会转化思想的方法。同时课后，也留给我更多的思考：本节课的数学思想用一个“变”字来代表，那以后中段、高段的数学课又应该怎样用一个合理的方式来体现更多的数学思想，这将激励我不断学习思考。

总之，转化的思想应用于数学学习的各个领域，但不管在哪方面，它都是以已知的、简单的、具体的、基本的知识为基础，将未知化为已知的，复杂化为简单的，抽象化为具体的，一般的化为特殊，非基本的化为基本，从而得出正确的解答。其实，转化本是化归数学思想方法的一种体现（把所要解决的问题，经过某种变化，使之归结为另一个问题，再通过另一个问题的求解，把解得的结果作用于原有问题，从而使原有问题得解）。因此，在转化的过程中，教师自身应该有一个广阔的转化意识，夯实转化过程中的每一个细节，在单元结束后的“整理与练习”中，再次提升转化思想，并在后续的学习中有意识地关注转化思想，进行必要的沟通与整合。

会魔法的指挥官

张　菁

体育人的一生，是富有挑战和励志的，而作为体育教育者的一生必将是怀揣一颗良心探索育人新知、新法的一条棘径。曾经一度迫使自己成为优秀的体育人，自从遇见龙小我想做出改变，做一名合格的体育教育者。

记得来龙小的第二年就面对一年级的学生，面对六七岁的孩子，心里真是没底啊！但是，从以往的经验来看："给学生一个好心，不要给个好脸色"，所以留下"严肃"的第一印象才能镇得住他们。我与孩子们的故事，就从新学期的队列队形练习开始。

然而，事与愿违。在第一节课，我向孩子们亮明身份要求他们集合整队时，他们蜂拥而上给了我一个拥抱的见面礼，我耗时六分钟才解脱出来。我冷漠的表情、坚强的内心瞬间被他们融化。当我看到那一张张稚嫩的笑脸时，不禁为自己准备多时的那副表情而感到后悔。看到他们幼小的身躯，稚嫩活泼可爱的笑脸，我恍然大悟，我要"严肃、冷漠"对待的他们，仅仅是一群孩子。

孩子们天真的话语，无邪的笑脸以及亲切的举动，一时间让我不知所措，我的教学目标、内容、进度、计划一步步被他们攻陷。体育课成了他们快乐的后花园，我成了"观众"。

停停停，校长的期许，同事们的劝告如醍醐灌顶般，让我从"甜美"的乐园中惊醒。我拜访师长，请教同事，最后定下了自己的教学观念：让孩子在体育锻炼中学习知识和体育技能；让孩子在体育课堂中获取快乐，促进身体健康发展；让孩子们在体育课堂中体验并学会与他人交流、相处，学会相互帮助的团队精神。有了如此宏伟的计划，以及师长们所教授的"手段"。嘿嘿，我单方面悄悄地打响了我和孩子们关于"谁是课堂的主人"的战争。

第一步，玩游戏、讲规则、说故事，树立良好纪律观。没有良好的纪律保障，一切教学内容的实施都将大打折扣。所以抓住孩子们爱玩游戏的特点，在规则允许的情况下让他们玩，我担任裁判。例如："老鹰捉小鸡"，老师问：

“同学们，想玩吗?”学生肯定都想玩，老师问：“那谁来做老鹰和鸡妈妈呢?”这时候肯定炸开了锅谁都想做。简短的吵闹声后，我吹响一声长哨，告诉他们都很优秀但是要公平竞争。练习十分钟队列队形谁表现好谁来做。我提出练习要求后，孩子们像变了个人似的，练习得有声有色。孩子们如愿以偿地开始了游戏，可是一定得有奖惩。哪一组有学生摔倒和被抓住的同学要自觉地组队练习巩固队列队形。下课时，我会和孩子们小结本次课，予以鼓励并提出不足，最后我也会讲一个关于遵纪律、守规则的小故事来进行启发式教学。长期坚持后，孩子们学习认真，争取游戏时间。游戏时认真动脑筋，避免小小的惩罚。在有序的环境下体验到了快乐，学习进步得也很快。他们成了课堂的主人，我则是孩子们口中的“指挥官”。

第二步，让教学大纲做“魔法城堡”，教学内容成为散落的“宝盒”，教师的教法成为寻宝的“指明灯”。让孩子们认识体育课堂，寻找体育知识与技能，在探索中有所得、有所乐。教学内容是体育课的核心，没有内容的课堂就是“放羊式教育”，教师的教学手段是课堂的灵魂。老师要放低姿态和孩子们做朋友，所思所想都要以孩子们为出发点。例如：我设计的“立定跳远”五个课时的教学计划是这样实施的。第一课时，模仿动物双脚同时起跳，锻炼下肢力量和协调性。最终和孩子们探讨出以青蛙作为我们的学习对象；第二课时，小青蛙学本领以及游戏“高人、矮人、超人”的方式巩固练习掌握完整技术动作；第三课时，用“小青蛙打害虫”的游戏提高技术并发展小组合作的能力；第四课时，用报纸辅助教学，完成团队合作“小青蛙找妈妈”任务；第五课时，考核及跳跃类游戏。其他模块的学习内容，我依然本着情景加游戏的方式来设计。

第三步，让体育课堂成为孩子们梦想的天空，可以自由地翱翔探险。但是，一定要学会团结、合作，树立良好的班风。小学低段的孩子可能因为很多因素表现出自我、独立，不善于分享等特点。根据这些特点，我制定了一个长期的计划，就是要在课堂中通过游戏分组、拓展训练等一系列方法将体育精神和团队精神渗透到他们的头脑里。经过一学年的坚持，当我看到他们排队时文明礼让、整体有素，课堂上相互提醒，小团队没有埋怨，只有鼓励时，我仿佛看到他们真的“长大”了。

一位智者说：“老师这个职位是个良心活，良心所在那些束缚你的条条框框都不会存在，你眼里只会有孩子们的成长。”如今，我深有体会。怀揣着良心来教育，以学生的眼光来审视，很多问题都会迎刃而解，也给自己的体育教学带来意想不到的收获。我的课堂依然是孩子们的游戏乐园，但我不是观众，我是会魔法的“指挥官”。

听听孩子想说的话

翟 箫

无论你是一位老师，还是一位家长，我想对你说，听听孩子们想说的话吧，听听他们的烦恼……听到一位小学心理老师这么说，许多成年人或许只会笑笑并且想：你说的孩子是小学生吧，我知道他们有烦恼，无非是作业太多，压力太大和同学闹了矛盾这些鸡毛蒜皮的小事啊，我一直有听到他们说，而且我已经听得太多了。

不得不说，在成为心理老师之前我或多或少也抱有这样的想法。作为心理老师，许多人都会好奇地问我，找你咨询的孩子多吗？我会告诉他们，几乎每周都有不同的孩子来找我，而且这些孩子里不仅仅有那些在大家看来确实存在一些问题的学生，而且还有许多老师家长心目中的优秀学生。他们每个人或多或少都陷入了一些困境，或许是同父母的关系，或许是与同学的关系，或许是与自我的成长有关。作为一名新的心理教师，在对他们提供帮助时，我更多的是认真倾听他们所说并给予支持和理解，结果出乎我意料的是，这些单纯的倾听真的帮助到了他们。随着我对孩子们的烦恼与困惑的倾听持续的时日愈长，一种感受在我的心头日益强烈，那就是——我们的孩子们太缺少认真聆听他们话的人了。

前面所说的成年人，他们认为已经听孩子说话了，但其实他们的听并没有起到什么用，因为“听”与“听”是不同的。正像美国心理学家托马斯·戈登在《父母效能训练》一书（这也是我经常向遇到问题的学生家长推荐的一本书）中所说的一样“父母总是被指责，而非受训练”。大部分的成年人他们“听”孩子说话的方式是那种好像在我们的社会中习以为常的方式，而这种方式往往是从成年人自己的父母辈那里继承下来的，但这种“听”的方式正确吗？随着近几年社会上对于“原生家庭”问题的关注，也可以让我们对父母辈们流传下来的这些教育方式产生一些反思，这些教育方式中就包括了“听”的方式。如果传统的“听”的方式起不到好的作用，那我们应该用什么样的方式去“听”孩子们所说的话呢？

近100年来心理学、儿童发展心理学以及其他行为科学都获得了很大的发展，其中也积累了丰富的儿童与育儿、人际交往、个人成长、创建健康的心理成长环境方面的知识，这些知识中有些被很好地运用到了儿童心理咨询中。作为一名新的心理教师，我在对学生进行心理辅导时所运用的“听”的方法并非只有专业的心理专业人士才可以运用，相反它是许多普通的、有与孩子进行交流需要的成年人都可以通过练习去掌握和运用的方法。如果能有更多的老师和家长在孩子产生困惑时，选择采用这种有效的方式去倾听孩子们的心里话，我想这对于孩子的心理健康成长无疑是更有益的。

对于如何“听”孩子说话，如何能让他们愿意对你倾吐他们的烦恼，我总结了一条原则，就是“尊重与理解”。尽管这两个词语在儿童教育中反复被提及，但在实际教育过程中却往往没有被成年人真正的认识。作为老师，在与多位家长接触和对他们的家庭教育方式的了解过程中，我发现“家长专制式”的教育模式是十分常见的，而这种严厉的教育方式并没有让这样家庭的孩子都表现优秀，相反这样家庭中的孩子都或多或少地会产生一些问题，并且在这样的家庭中亲子关系也并不是十分融洽的。你可以想象，在这样专制型的家庭中父母是否会认真倾听孩子的心里话。当孩子准备向专制式的父母吐露心声时，孩子们得到的往往是批评、指示和要求，父母会对孩子进行大段的说教。社会性是人类的固有属性，每个人都是有与他人进行交流沟通的需求的，而对于孩子来说，他们进行交流和倾诉的最主要对象就是父母。而当专制型的父母用不恰当的方式将孩子这条主要的表达自我和进行倾诉交流的途径堵死后，可想而知这将对孩子的心理成长产生怎样的负面影响。因此，对于许多传统型的专制型家长来说首先要做到的就是转变观念，学会“尊重”孩子。纪伯伦在《先知》中说：“你的孩子并非真正是你的孩子。他们是生命为自身所渴望的儿女。他们借你而来，但非从你而来，尽管他们和你同在，但并不属于你。”专制型的家长首先要认识到孩子并不是他们的所属物品，即使孩子在智力和经验方面远远不如成年人，但他们依然是一个独立的个体，是作为一个独立的人存在的。当倾听孩子说话时，不要用一种高高在上的态度，不要总是试图给孩子一定的指导或纠正他们某方面的错误，因为重要的是“听”孩子说，而不是自己“说”。因为许多时候孩子向你倾诉困惑时并不是在寻求你的建议，只是在寻求倾诉发泄的渠道，寻求理解而已，当你安静地倾听他们表达、发泄完情绪后，要相信孩子们往往很快就能找到解决问题的方案。比起由成年人或家长告诉他们应该怎么解决问题，让孩子自己找到解决问题的答案无疑对他们的成长更有利。然后，成年人在“听”孩子们说话时还要注意表达自己的“理解”。这里的理解并不是“赞同”，不是说要肯定孩子说所的一切都是对的，你都赞同。而是无论你是否赞同孩子所说的一切，都不发表自己的观点，而是认真去倾听和理解孩子所想表达的内容和情绪，并把你所理解到的不含褒贬地、客观地反馈给孩子，并请教孩子自己理解的是否正确。而这一点对于很多成年人是很难做到的，因此我们需要时刻注意自己的表达，进行多次的练习。因为我们总是担心孩子会保持一些错误的想法或做出一些错误的事，作为成年人我们总是想把自己认为是对的事物灌输给孩子，但我们不愿承认的是这种单方面的灌输实际上能够起到的作用微乎其微，而且在孩子试图对你吐露心声或进行情感交流时你一旦开始这种灌输行为，孩子们往往不会再和你进行交流，这样就会使你更难以去了解他们，知晓他们的心理健康状况。

我把自己在教学和对学生和家长进行心理咨询中的一些小收获、小想法记录下来，希望成年人能够更加关注倾听孩子们想说的话，让孩子们在成长过程中面对老师和家长时能够更加畅所欲言，阳光快乐成长。

初学乍练

——体育室内课之感悟

叶云丹

大家都知道，在以往的体育教学中，室内课每学期也就几个学时。因为在室内教学的机会也不多，反正就是老师讲学生听嘛，自己在以往的教学中也不觉得有什么太大的问题，直到我参加成都市体育室内课录像课比赛的时候，我才知道自己的差距，要想站好这三尺讲台确实是不容易的事情。

第一次从录像课里看自己在课堂上的表现，真的有说不出的感觉。真可以用“惨不忍睹”一词来形容！录像里自己在教室里随便移动，身体手势僵硬，语言匮乏，表情呆板，书写急躁，板书不整齐……上课时自己还不觉得，唉！果真是当局者迷，旁观者清呀。

我们体育教师的优点是动手能力和行动能力强，在操场上叱咤风云，挥洒自如，可一到了教室里，就有点不一样了，看了我的体育室内课后，我们唐主任就开玩笑地对我说：“叶哥，你怎么到了教室就换了一个人一样呢?”其实她不说我也感觉到了，我的课堂没有什么张力、比较干瘪，各个环节联系生硬，过渡语言缺乏，课堂节奏感也不强。而我又确实是属于沉默寡言、嘴拙舌笨的那一种人，语言表达能力比较弱，就先不说我这差强人意的普通话发音了，整节课都感觉自己被捆绑起了一样，施展不开。

后来随着练习的次数多了，慢慢地在课堂上我比较放得开了，可问题又来了，我的教学语言零零碎碎，逻辑性不强，口水话多，重点不明，不够精练。讲起来有时候自己刹不住车，好像又回到当年刚刚当上体育教师的那个时候，在教学中做不到详略得当。

我所遇到的问题只有向其他室内学科学习，特别是语文数学学科学习，在听了其他学科一段时间课后，我发现我在课堂最突出的问题确实是课堂语言的表达：教师语速过快，不利于学生对信息接收和思考；音量过低，无法清晰地让学生听见；缺乏抑扬顿挫，单调的声音容易产生听觉疲劳；语言内容缺少设计，太过随意；肯定鼓励太少，苛责太多……自己真的需要在课堂语言方面多下功夫。

其次是板书，我的三笔字不是非常丑，自认为板书嘛，就是写些教学内容嘛，简单。我的字比较张扬，写得满黑板都是，随心所欲，哪里有空就写哪里，结果就是黑板上板书无序，分不清主次，什么美观整洁更是无从谈起，自己课后看着都哑然失笑。

在听了很多优秀教师的课后，我渐渐地也有了一点点关于教学板书的领悟：我们知道板书是浓缩了的教案，是我们在认真钻研教材的基础上提炼出教材中关键词语，组成板书的基本内容。但是，我们是小学教师，特别是在教学低段学生的时候，他们识字有限，对老师极其信任和崇拜，我们书写的错误也会被他们模仿，所以，我们在板书的时候要工整、规范、准确。不写简化字，更不能写错别字。若我们的书写错误被他们模仿，那真是误人子弟了！教学时板书宜迅速及时，有笔误时要擦掉重写，不要信手乱涂，板书要疏密得当。黑板的中间是教师板书的主要位置，面积应占大些，书写时尽可能写在黑板的上半部，让学生容易看见，而且字的大小以后排学生能看清为宜。

另外，大到课件教具的制作，小到教师的移动站位，手势语调，都是十分讲究的。我在磨课的时候对推敲和精益求精二词有了重新的认识，一次室内课教学，我们的教学中用了一个运动心率曲线图，在前面的试课中，随着教学内容的调整已经几易其稿，自认为还不错。但在一次课后教研中，我们董自副校长用他数学教师专业眼光看这个图，说我们这个图不完整，图的名称不清楚，没有给学生一个清晰的名称作为指引；横轴纵轴代表什么内容也没有标注清楚；侧面小表格的时间要注明心率 10 秒和心率 1 分钟，这样学生就能够更加清楚。减少学生的疑问，也就减少了教师答疑时间，从而提高课堂教学效率。从这么一个小小的细节就看出，教学无小事，要想向课堂要质量真的是一个标点符号都不能马虎。

以前的我对于体育室内课更多地认为仅仅只是一种知识的讲解，随着不断地学习摸索，我在今后的教学中会多录一录自己的课堂，听一听自己的声音，看一看自己的表现，不断地反思总结，从看别人到看自己，从评价他人到分析自己。我想，这是一条寻找课堂魅力，完善自我，提升课堂教学技巧的更踏实、更有效的道路。

让德育之花在书法的笔墨中绽放

刘明浩

2013 年 1 月，教育部发布了《中小学书法教育指导纲要》（以下简称《纲要》）。《纲要》明确指出，汉字和以汉字为载体的中国书法是中华民族的文化瑰宝，是人类文明的宝贵财富，书法教育对培养学生的书写能力、审美能力和文化品质具有重要作用。

中国书法艺术强调书品、人品二者合一。习书之前，先学做人，早在西汉时期扬雄就提出了“书为心画”的观点。而小学书法教育具有极强的德育功能，书法教学为学生传授文化知识，打开艺术之门；书法临帖让学生品味书法之韵，感悟为人之道；书法创作使学生体验进步之速，增强自信之心。它与学校的教育追求——让每一个孩子都享有自信与成功的理念不谋而合。

作为全市最早一批拥有书法专用教室和开设书法课堂教学的学校，龙小涌现出了很多有潜质的“小书法家”，他们通过学校搭建的平台、老师的悉心指导及家长的大力支持，取得了优异的成绩。

谌镜伊是成都市龙江路小学六年级二班的学生，也是一名优秀的小书法家。她曾连续两届荣获成都市学生优秀艺术人才选拔赛书法类一等奖，但却在同年进行的武侯区第 21 届少儿书画大赛中“名落孙山”，连三等奖都没有拿到。对已经五年级的谌镜伊来说，这个挫折对她影响有点大。

那天，还记得谌镜伊专门找到我说：“刘老师，这一次我真的好郁闷，居然连三等奖都没拿到，下学期我六年级了，面临小升初，要不我先把书法放下，把所有精力都用在语文和数学的学习上。”

听了她这番话，我连忙安慰她：“刘老师支持你的决定，但学习书法是为了提升我们的审美能力和个人修养，学书法的道路上我们会面临各种困难，只要我们加倍努力，永不放弃，就一定能有所收获。”并鼓励她继续努力，不要放弃。

在随后的这一年里，我抽出了更多时间，来陪伴她、指导她，和她及时交流、沟通，加上谌镜伊自己勤奋的练习，她的书法技艺取得了长足的进步，功夫不负有心人，在武侯区第22届少儿书画大赛中谌镜伊荣获书法十佳。她的故事也被刊登在了四川美术出版社出版的《爱书法》（丛书）上，她成了当月的书法小明星。

在学习书法的道路上，谌镜伊经历了挫折，也收获了自信与成功。谌镜伊特意购买了多本《爱书法》（丛书）送给老师和学校领导，表达她对学校和老师的感谢。“是老师的教导让我懂得了无论做什么事情都不要放弃，通过自己的努力一定会有所收获，谢谢龙小，谢谢老师们。”

2018年12月9日，“翰墨天府　薪火相传”成都市首届中小学生书法临帖大赛作品展开幕式在香城国际艺术港云端美术馆举行，成都市龙江路小学共有三名同学获得一等奖，一名同学获得二等奖，这四名小书法家作为获奖代表在开幕式当天上台领奖。

作为他们的指导老师，我在学校提前对孩子们进行了道德和文明礼仪教育。比如：开幕式当天，穿好校服，佩戴红领巾，提前到达会场、主动参与服务、文明观展、彬彬有礼、不追逐打闹、不交头接耳。

开幕式当天，孩子们都提前到达。当看到作品集还没有装袋时，大家主动找到会场的工作人员申请协助装袋。经过大会工作人员同意后，大家积极参与到作品集装袋的工作中，将龙江路小学的志愿者精神传递到了校外。

由于这次是成都市首届中小学生书法展，现场非常火爆，有1000余人参加。但在整个开幕式过程中，4名“龙娃娃”都非常安静，认真观看开幕式，不交头接耳，不随意离开座位。他们的表现得到了领导们的一致好评，成都市书法家协会副秘书长赵立亲自为孩子们拍摄了多张精美照片。

孩子们的表现也让四川电视台公共频道记者黄威老师看在眼里，开幕式结束后，他给龙娃娃提供了在电视上展示的机会，该节目已于2018年12月14日23点25分在四川电视台公共频道《巴蜀画谈》栏目中播出，节目中，来自龙小的报道占据了整个报道的一半。

通过阶段性的努力与实践，近两年，龙小学子在武侯区教育局举办的书法比赛中获奖人数位居全区之首，并有三名“龙娃娃”成为成都市书法家协会的预备会员，占了全市的5%。

这个过程中我深刻地体会到了无论在书法课堂教学中还是书法课外活动，书法教育都具有很强的德育功能。在书法教育中渗透德育能潜移默化地告诉学生人品即书品，引导学生形成良好的行为习惯，培养学生良好思想品德和健全人格，使德育成为书法教育中不可缺少的组成部分。在未来的日子里，我将继续在书法教育教学中投入自己全部的真诚与热情，让更多的孩子了解学习书法、感悟书法带来的艺术滋养，传承中华民族的传统文化，也让德育之花在书法的笔墨中绽放。

提高小学生欣赏名家名作的兴趣

邓　汶

美术属于视觉艺术，是用眼睛欣赏美术作品，它的特点是直观和形象的。同时它又是静态的，没有舞台的热闹与喧嚣，他用自己独特的语言形式沉默的张扬自己的个性。同时美术也是最富情感的艺术。让学生通过学习了解古今中外的名家名作，知道如何区分作品的优劣，在与艺术巨匠的对话中接受审美教育，懂得美与生活的关系，美与大自然的关系，是美术课能够带给学生的非常重要的体验。

如何提高小学生对名家名作欣赏的兴趣呢？在实际的教学过程中，我们根据不同的学段和教学目标采用不同的教学方法。

我自己一直觉得名家、名作其实距离我们的现实生活很远，比如说古典艺术，年代久远。一些艺术巨匠在上百甚至上千年前就已离开人世，他们那些最初曾反复描摹、华丽精致的作品经岁月的打磨后，模糊了，泛黄了，甚至千疮百孔了。有些艺术品留存至今仍然清晰美观，但作品本身表现的环境、人物、事件都与我们现在的生活相去甚远，难以引起学生的共鸣。而最基本的美术修养却要求我们必须认识和了解这些遥远时空的古典艺术。还有一些名家、名作对于小学生来说抽象难解，比如毕加索，可这些大师又偏偏是我们不能不知道的。

我自己有一些小办法来缩短学生与名家名作之间的距离，提高学生对名家名作欣赏内容的兴趣，在这里和大家分享一下。

1. 寻找学生作品与大师作品的共性，让孩子产生对大师的认同感。

孩子的视觉、思维方式，以及对人物的绘画表现方式，大同小异，都是简单而平面的图案，稚拙的线条。

当我们仔细分析大师的作品时，不难发现，许多艺术巨匠的笔墨也天真而充满童趣，比如夏加尔，比如米罗。不过，孩子的天真是有意或无意的提笔涂抹，大师笔下的天真是经过提炼而达到纯粹的至美境界。美术课堂中，欣赏的目的，就是要引导学生将这样一种有意或无意，稚拙天真的涂抹，变成有目的艺术创作。

在低段的美术课中，我曾让孩子们做过这样一张作业：第一步，学生用一支水彩笔在一张白纸上信手绘出一根线条，这根线条在纸上可以随意地弯曲，缠绕，但是要一气呵成；第二步，每个孩子将绘有线条的图画纸传给左边的同学，一传给二，二传给三，三传给四，以此类推；第三步，每一个孩子在别人线条的基础上进行想象，将其中一些随意构成的形进行添画，并按照自己的色彩感觉简单的平涂一些艳丽的色块。

完成后，所有的作业都用磁铁展示在黑板上。看着自己随意勾勒的线条变成有趣的画面，孩子们十分新奇，这种不需刻意描绘，仅仅依靠形状、线条、色彩的图画带给孩子们的是一种难以言传的美感。可是，将这样什么都不像的作业称为绘画，说得过去吗？

这时，一张超现实主义风格的绘画作品出现在电视屏幕上：“其实，这样的绘画方式，已经出现很久了。这张画的作者来自西班牙，名叫米罗，他是一位著名的画家。找找看，他画画的方式和我们有什么相似的地方呢？”

于是，学生在对比中发现，米罗的作品，同样有许多鲜艳的色块，一些点，一些圈儿，一些灵动的线条，却没有和现实生活中相近似的形象，这样的艺术，就是抽象艺术。

孩子们发现自己竟然在不知不觉中画了一张抽象画，还与一位叫作米罗的艺术大师有了那么点相似之处，兴趣愈加强烈了，接下来教师就可以抓住学生的好奇心，进一步引导学生分析名作的特点，找出自己的图画与名作之间的差距，比如作品的构图，色彩的分布与搭配，以及不同色彩所传达的不同情绪及寓意等。

学生再次创作时，不再依靠盲目的添画来达到偶然的艺术效果，而是有目的的构思、构图和用色。学生在从无意识的涂抹到下意识的创作过程中，认识了叫作米罗的西班牙画家和他的一些作品，初步了解了抽象绘画艺术，这一课欣赏教学的目的就达到了。

2. 利用游戏来拉近学生与名家名作之间的距离。

我认为，对于中低段的学生，抓住他们的好奇心就掌握了制胜的法宝。做游戏，简直就是个百玩不厌的好办法。

有一个大家都玩过的游戏，叫“贴鼻子”。很简单，蒙着眼把鼻子贴到一张画出来的脸上。我将这个游戏改了改，变成了“贴五官”。四个小组各派一位孩子蒙眼将随机抽取的一套眼耳口鼻贴在黑板前四张空白的脸上。最特别的是，黑板上的四张脸，既有正面的，又有侧面的，孩子们随机抽取的五官也是有不同的正侧面角度。

可想而知，这样贴出来的面孔真算得上是奇怪之极。

游戏结束后，我问孩子们："这些脸带给你什么样的感受?"孩子们给我的回答是：怪极了，很好笑，真变形，大家都不觉得它美。但是，大家都很赞同这一个观点——这样的脸，的确很有特点，假如这样的面孔和其他普普通通的脸放在一块，我们第一眼看到的，肯定是这张与众不同的脸。

此时，教师出示名画《朵拉·马尔》："大家知道吗？在现实生活中真的有一位很有名的艺术家在自己的作品中将一些本来十分漂亮的面孔五官扭曲，错位，变成极有特色的脸。"

是一张多么奇怪的脸啊，究竟是哪一位画家会用这样的方式作画呢？孩子们好奇极了。"其实啊，这位画家的名字大家早就熟悉了，只不过我们还不了解他的作品，他就是毕加索。"教师此时抓住孩子的好奇心开始讲解："毕加索的绘画看起来怪模怪样，其实是有规律可循的，让我们仔细瞧瞧这张脸吧，你们觉得这是一张正面的脸，还是一张侧面的脸呢？他的五官又是什么角度的呢？在现实生活中，我们是不可能同时看见一个人的侧面与正面的，毕加索却将正与侧两面结合在同一张脸上，这种绘画方法非常大胆，这个画派，叫作立体派。"

我想，我们不能强迫学生认为这样的作品是美的作品，但他们应该知道艺术是特立独行，是与众不同的创造。开阔的视野，宽容的审美心态所带给学生的幸福感远比画出一张得到五角星的作业来得长远和持久。

3. 针对学生心理特点，因材施教。

不同的美术作品有着不同的特点，老师需要针对这些作品的特点，设计符合学生年龄的方式来引导学生有兴趣的"看"作品。

美术教材上有一幅著名的古画——《清明上河图》。平时美术课常用的欣赏方法是，出示图片，介绍画家，讲解作品背景，给学生一些看图的时间，经小组讨论后，发言，讲一讲这张作品带给自己的感受和自己的认识。教师总结，点评。这样的教学方式虽有一定的效果，却并不能让孩子完全投入到对作品的欣赏分析中去。《清明上河图》，恢宏庞大，囊括整个北宋首都汴梁的城池，城外的山水，城内的亭台楼榭，细致精巧，小到街头巷尾，熙来攘往的每一个行人，挑担的，摆摊的，甚至牛车骡马，鸡鸭猪狗都纤毫毕现。正是这种庞大与细小的对比，体现了艺术家精湛的艺术技巧和惊人的艺术创造力。面对这样的作品，学生往往注意力集中那么短短的一阵，发出"好细致，好多人，真了不起，这样的画一定非常难画”之类的感慨，就不再愿意深入细看了。

的确，再怎样精致细腻、古典高雅的艺术，在孩子们的眼中都比不上一本热闹滑稽的卡通书，因为，他们是小孩，好玩是天性。

美术课本上的清明上河图是该画的局部，截取了桥上行人如织的场景，这个片段体现其人物形象生动丰富，充满浓郁的生活气息。

为了抓住学生的注意力，让孩子们开始感到看画儿也是一件好玩的事情，我让学生们看着这张泛黄的古画，玩起了捉迷藏。“假如，你就是图中来来往往的行人之一，你会是哪一个呢？在什么地方呢？请你用最清晰流畅的语言形容出来，让我们根据你的描述将你从拥挤的人群中找出来。比比看，谁的描述最准确，谁的眼力最好。”我提问道。

孩子们开始寻找自己在图中的角色，组织表述的语言。其实这就是让学生主动地、有目的、仔细地浏览全图，换了一个方式，学生参与的主动性提高了许多。

捉迷藏开始了，我先让孩子们来找我，我说：“我在桥上，（学生的目光自然随着我的描述集中到桥上的行人，方位很清楚了），骑驴过河，（特征很明显了），手握驴鞭，东指西看。”学生根据描述，很快就把我找到，劲头更足了。有了教师的示范，部分孩子迅速地调整了自己的语言，开始投入到这个特殊的捉迷藏游戏之中。有的孩子说：“我是个大官，坐在轿子里。”眼尖的不等他说完，就找到了桥上这顶轿子，有了经验，越到后面的学生选择的角色就越偏远，越不容易被发现，大家找起来就更具有挑战性，更有趣。随着游戏的发展，学生在不知不觉中主动地深入了解作品，发现在这样有限的画面里是一个如此精巧细致，生机勃勃的世界，这许许多多的人物、动物、车船建筑，竟没有一个重样的。

而这些，仅仅是清明上河图的局部。

当清明上河图全图的容貌轻轻移入画面时，孩子们静静地睁大了眼睛，看着那些花生米大小的车马，行人，或疏或密，或近或远的散落在一座如梦似幻的城池中。远有绵延的山，近有蜿蜒的河，亭台楼榭，庙宇楼阁，此时，庞大与小巧，精致与恢宏带给学生的震撼才真正开始。

这种捉迷藏的方式，锻炼的是学生的语言表达能力和对绘画作品的观察能力，体现学生在课堂中的主体性，让学生来引导学生看画，乐在其中，乐在画中。也巧妙地体现了美术课程标准中对学生的“欣赏与评述”的教学要求。

在美术课上，欣赏教学对教师的要求很高。教师对作品的理解，对艺术家的认识，对作品历史背景的了解，包括了美术、历史、文学诸多方面。哪些作品适合哪一个年级的学生欣赏，使用什么样的教学方法，这些都时时挑战着教师的智慧。

我想，美术课上漂亮的绘画作品，书法课上工整笔墨字迹，只不过是美术教育成果的一个方面，美术课带给孩子最大的改变往往并不是一眼就能看见的，这改变是一种不断提升的审美眼光，一种开放而且宽容的审美心态，一种对生活、对艺术报以欣赏的态度。

遇见更好的自己

王媛红

那年相遇　时光正好

时光一晃，我来龙小已快三年了。来龙小之前，我已经在四川电视台工作了六年，是四川电视台的一名编导，六年的电视台工作经验和当老师好像相差甚远，也正是因为有六年的工作经验和经历，才让我更加期待和珍惜与龙小的相遇。当我走进龙小时，内心充满了忐忑，但当第一次站上讲台，看到孩子们天真又好奇的脸庞、单纯的眼睛、脸上露出的灿烂笑容，我瞬间有了勇气，也更加坚定地开始我新的职业生涯——一名人民教师。

温暖集体　伴我成长

龙小的工作节奏很快，每一位老师都很忙碌，我也不例外。我除了担任四年级信息技术学科教学工作、快乐龙小电视台社团教学工作，还负责学校各类视频拍摄和制作。后面部分的工作跟我以前的工作比较相似，做起来得心应手，教学工作却是我一直以来需要努力的方向。还记得我刚到龙小时，在阶梯教室听了一节语文教研课，那是我第一次在毕业这么多年以后认真地去听一节课。那一节课上得非常生动，听课的老师学生都非常认真，教学过程有层次又有趣味，当时的我眼前一亮，原来这就是名校的课堂，真的是太精彩了。同时也感叹，我是多么的幸运，能加入龙小这个集体，因为在这里每一位同事都是老师，每一堂课都是好课，可以学到的东西实在太多，只要虚心请教，每一位前辈都会热情帮助，耐心地回答我的每一个问题。所以我常常说，龙小是一个有爱的集体，得到了大家帮助的我也飞速在成长。

教学之路　回忆满满

在2018—2019年度上学期的教研课中，我以“感恩”为主题设计了一堂PPT制作的课程，通过这个教研课我感受到，比起让孩子们学会使用某一项软件的操作来说，更重要的是让孩子们掌握使用软件的方法，提高孩子们的信息素养，因为软件更新换代太快，只有让他们掌握了方法才能使孩子们不断进步。除了教学技能以外，我还利用卡片的主题——感恩，教孩子们懂得感恩。当然，每位孩子想要感谢的人不同，有的想感谢爸爸妈妈，有的想感谢爷爷奶奶、外公外婆，有的想感谢哥哥姐姐，还有的想感谢同学、消防员、警察叔叔等，我不仅让孩子做了感恩的卡片，而且让孩子们把电子卡片送给了自己最想感谢的人。

有了上学期的教学经验，这一学期我又接受了一个新的挑战，承担一节武侯区教研课示范课程，这对于我这个教龄才二三年的新手老师来说是一个很大的挑战，而且这一次的区教研课，我选择的是一个全新的课题——人工智能，上课的方式也从传统的电脑操作变成了平板电脑操作。种种的问题导致我的压力很大，心里也是毫无底气。但是我清楚地知道我身在龙小这个大集体，我不是一个人在战斗，领导们的关心，老师们的帮助给了我很大的信心，一次又一次见缝插针的给领导和前辈老师们说课，让我的展示课思路越来越清晰。我带着十足的信心开始了第一次试讲，但是却出现了各种问题。我在领导和老师们的帮助下重新修改教案、准备课件，最终顺利地完成了区教研展示课的任务，并得到区教研员的高度认可。但对于我来说，令我开心的还是在这个过程中我获得的收获和成长。

不忘初心　未来可期

十分有幸能在教师里程的开篇里与龙小相遇，并与她共述一段过往。关于遇见，关于成长，如果可以，我想给这个未完待续的故事里再多添加一些色彩，带着“悦人悦己、善思善行”，带着初心，继续前行，不负韶华、不负梦想、不负期望！